book2

Deutsch – Albanisch
für Anfänger

Ein Buch in 2 Sprachen

www.book2.de

GOETHE
VERLAG

IMPRESSUM

Johannes Schumann:
book2 Deutsch - Albanisch
EAN-13 (ISBN-13): 978-3-938141-35-9

Goethe-Verlag GmbH
Postfach 152008
80051 München
Germany

Fax +49-89-74790012
www.book2.de
www.goethe-verlag.com

Inhaltsverzeichnis

Personen

Persona

ich	Unë
ich und du	Unë dhe ti
wir beide	Ne të dy
er	Ai
er und sie	Ai dhe ajo
sie beide	Ato të dy
der Mann	Burri
die Frau	Gruaja
das Kind	Fëmija
eine Familie	Një familje
meine Familie	Familja ime
Meine Familie ist hier.	Familja ime është këtu.
Ich bin hier.	Unë jam këtu.
Du bist hier.	Ti je këtu.
Er ist hier und sie ist hier.	Ai është këtu dhe ajo është këtu.
Wir sind hier.	Ne jemi këtu.
Ihr seid hier.	Ju jeni këtu.
Sie sind alle hier.	Ato janë të gjithë këtu.

Familie

Familja

der Großvater	Gjyshi
die Großmutter	Gjyshja
er und sie	Ai dhe ajo
der Vater	Babai
die Mutter	Nëna
er und sie	Ai dhe ajo
der Sohn	Biri
die Tochter	Bija
er und sie	Ai dhe ajo
der Bruder	vëllai
die Schwester	Motra
er und sie	Ai dhe ajo
der Onkel	Xhaxhai, Daja
die Tante	Tezja, Halla
er und sie	Ai dhe ajo

Wir sind eine Familie.

Die Familie ist nicht klein.

Die Familie ist groß.

Ne jemi një familje.

Familja nuk është e vogël.

Familja është e madhe.

Kennen lernen

Njoh

Hallo!	Tungjatjeta! / C'kemi!
Guten Tag!	Mirëdita!
Wie geht's?	Si jeni?
Kommen Sie aus Europa?	Vini nga Evropa?
Kommen Sie aus Amerika?	Vini nga Amerika?
Kommen Sie aus Asien?	Vini nga Azia?
In welchem Hotel wohnen Sie?	Në cilin hotel po rrini?
Wie lange sind Sie schon hier?	Sa kohë keni këtu?
Wie lange bleiben Sie?	Sa do të rrini?
Gefällt es Ihnen hier?	A ju pëlqen këtu?
Machen Sie hier Urlaub?	Këtu po i kaloni pushimet?
Besuchen Sie mich mal!	Ejani ndonjëherë për vizitë!
Hier ist meine Adresse.	Urdhëro adresën time.
Sehen wir uns morgen?	A do të shihemi nesër?
Tut mir Leid, ich habe schon etwas vor.	Më vjen keq, por kam punë.
Tschüs!	Mirupafshim!
Auf Wiedersehen!	Mirupafshim!
Bis bald!	Shihemi pastaj!

In der Schule

Në shkollë

Wo sind wir?	Ku jemi?
Wir sind in der Schule.	Ne jemi në shkollë.
Wir haben Unterricht.	Ne kemi mësim.
Das sind die Schüler.	Këto janë nxënësit.
Das ist die Lehrerin.	Kjo është mësuesja.
Das ist die Klasse.	Kjo është klasa.
Was machen wir?	Çfarë bëjmë ne?
Wir lernen.	Ne mësojmë.
Wir lernen eine Sprache.	Ne mësojmë një gjuhë.
Ich lerne Englisch.	Unë mësoj anglisht.
Du lernst Spanisch.	Ti mëson spanisht.
Er lernt Deutsch.	Ai mëson gjermanisht.
Wir lernen Französisch.	Ne mësojmë frengjisht.
Ihr lernt Italienisch.	Ju mësoni italisht.
Sie lernen Russisch.	Ato mësojnë rusisht.
Sprachen lernen ist interessant.	Të mësosh gjuhë të huaja është interesante.
Wir wollen Menschen verstehen.	Duam ti kuptojmë njerëzit.
Wir wollen mit Menschen sprechen.	Duam të flasim me njerëzit.

5 [fünf]

Länder und Sprachen

5 [pesë]

Vende dhe gjuhë

John ist aus London.	Xhoni është nga Londra.
London liegt in Großbritannien.	Londra ndodhet në Britaninë e Madhe.
Er spricht Englisch.	Ai flet anglisht.
Maria ist aus Madrid.	Maria është nga Madridi.
Madrid liegt in Spanien.	Madridi ndodhet në Spanjë.
Sie spricht Spanisch.	Ajo flet spanisht.
Peter und Martha sind aus Berlin.	Petri dhe Marta janë nga Berlini.
Berlin liegt in Deutschland.	Berlini ndodhet në Gjermani.
Sprecht ihr beide Deutsch?	Flisni ju te dy gjermanisht?
London ist eine Hauptstadt.	Londra është një kryeqytet.
Madrid und Berlin sind auch Hauptstädte.	Madridi dhe Berlini janë gjithashtu kryeqytete.
Die Hauptstädte sind groß und laut.	Kryeqytetet janë të mëdhenj dhe të zhurmshëm.
Frankreich liegt in Europa.	Franca ndodhet në Evropë.
Ägypten liegt in Afrika.	Egjypti ndodhet në Afrikë.
Japan liegt in Asien.	Japonia ndodhet në Azi.
Kanada liegt in Nordamerika.	Kanadaja ndodhet në Amerikën e Veriut.
Panama liegt in Mittelamerika.	Panamaja ndodhet në Amerikën Qendrore.
Brasilien liegt in Südamerika.	Brazili ndodhet në Amerikën e Jugut.

Lesen und schreiben

Lexoj dhe shkruaj

Ich lese.	Unë lexoj.
Ich lese einen Buchstaben.	Unë lexoj një shkronjë.
Ich lese ein Wort.	Unë lexoj një fjalë.
Ich lese einen Satz.	Unë lexoj një fjali.
Ich lese einen Brief.	Une lexoj një letër.
Ich lese ein Buch.	Une lexoj një libër.
Ich lese.	Unë lexoj.
Du liest.	Ti lexon.
Er liest.	Ai lexon.
Ich schreibe.	Unë shkruaj.
Ich schreibe einen Buchstaben.	Unë shkruaj një shkronjë.
Ich schreibe ein Wort.	Unë shkruaj një fjalë.
Ich schreibe einen Satz.	Unë shkruaj një fjali.
Ich schreibe einen Brief.	Unë shkruaj një letër.
Ich schreibe ein Buch.	Unë shkruaj një libër.
Ich schreibe.	Unë shkruaj.
Du schreibst.	Ti shkruan.
Er schreibt.	Ai shkruan.

Zahlen

Numrat

Ich zähle:	Unë numëroj:
eins, zwei, drei	Një,dy,tre
Ich zähle bis drei.	Unë numëroj deri në tre.
Ich zähle weiter:	Po numëroj më tutje/tej:
vier, fünf, sechs,	katër, pesë, gjashtë,
sieben, acht, neun	Shtatë,tetë, nëntë
Ich zähle.	Unë numëroj.
Du zählst.	Ti numëron.
Er zählt.	Ai numëron.
Eins. Der Erste.	Një. I pari.
Zwei. Der Zweite.	Dy. I dyti.
Drei. Der Dritte.	Tre. I treti.
Vier. Der Vierte.	Katër. I katri.
Fünf. Der Fünfte.	Pesë. I pesti.
Sechs. Der Sechste.	Gjashtë. I gjashti.
Sieben. Der Siebte.	Shtatë. I shtati.
Acht. Der Achte.	Tetë. I teti.
Neun. Der Neunte.	Nëntë. I nënti.

Uhrzeiten

Orët

Entschuldigen Sie!	Më falni!
Wie viel Uhr ist es, bitte?	Sa është ora, ju lutem?
Danke vielmals.	Faleminderit shumë.
Es ist ein Uhr.	Ora është një.
Es ist zwei Uhr.	Ora është dy.
Es ist drei Uhr.	Ora është tre.
Es ist vier Uhr.	Ora është katër.
Es ist fünf Uhr.	Ora është pesë.
Es ist sechs Uhr.	Ora është gjashtë.
Es ist sieben Uhr.	Ora është shtatë.
Es ist acht Uhr.	Ora është tetë.
Es ist neun Uhr.	Ora është nëntë.
Es ist zehn Uhr.	Ora është dhjetë.
Es ist elf Uhr.	Ora është njëmbëdhjetë.
Es ist zwölf Uhr.	Ora është dymbëdhjetë.
Eine Minute hat sechzig Sekunden.	Një minutë ka gjashtëdhjetë sekonda.
Eine Stunde hat sechzig Minuten.	Një orë ka gjashtëdhjetë minuta.
Ein Tag hat vierundzwanzig Stunden.	Një ditë ka njëzetekatër orë.

Wochentage

Ditët e javës

der Montag	E Hënë
der Dienstag	E Martë
der Mittwoch	E Mërkurë
der Donnerstag	E Enjte
der Freitag	E Premte
der Samstag	E Shtunë
der Sonntag	E dielë
die Woche	Java
von Montag bis Sonntag	Nga e hëna deri në të premte.
Der erste Tag ist Montag.	Dita e parë është e hëna.
Der zweite Tag ist Dienstag.	Dita e dytë është e marta.
Der dritte Tag ist Mittwoch.	Dita e tretë është e mërkura.
Der vierte Tag ist Donnerstag.	Dita e katërt është e enjtja.
Der fünfte Tag ist Freitag.	Dita e pestë është e premtja.
Der sechste Tag ist Samstag.	Dita e gjashtë është e shtuna.
Der siebte Tag ist Sonntag.	Dita e shtatë është e diela.
Die Woche hat sieben Tage.	Java ka shtatë ditë.
Wir arbeiten nur fünf Tage.	Ne punojmë vetëm pesë ditë.

estern - heute - morgen

Dje - sot - nesër

Gestern war Samstag.	Dje ishte e shtunë.
Gestern war ich im Kino.	Dje isha në kinema.
Der Film war interessant.	Filmi ishte interesant.
Heute ist Sonntag.	Sot është e dielë.
Heute arbeite ich nicht.	Sot nuk punoj.
Ich bleibe zu Hause.	Po rri në shtëpi.
Morgen ist Montag.	Nesër është e hënë.
Morgen arbeite ich wieder.	Nesër do të punoj përsëri.
Ich arbeite im Büro.	Unë punoj në zyrë.
Wer ist das?	Kush është ky?
Das ist Peter.	Ky është Petri.
Peter ist Student.	Petri është student.
Wer ist das?	Kush ëshë kjo?
Das ist Martha.	Kjo është Marta.
Martha ist Sekretärin.	Marta është sekretare.
Peter und Martha sind Freunde.	Petri dhe Marta janë shokë.
Peter ist der Freund von Martha.	Petri është shoku i Martës.
Martha ist die Freundin von Peter.	Marta është shoqja e Peterit.

Monate

Muajt

der Januar	Janar
der Februar	Shkurt
der März	Mars
der April	Prill
der Mai	Maj
der Juni	Qershor

Das sind sechs Monate.
Januar, Februar, März,
April, Mai und Juni.

Këto janë gjashtë muaj.
Janar, Shkurt, Mars,
Prill, Maj, dhe Qershor.

der Juli	Korrik
der August	Gusht
der September	Shtator
der Oktober	Tetor
der November	Nëntor
der Dezember	Dhjetor

Das sind auch sechs Monate.
Juli, August, September,
Oktober, November und Dezember.

Edhe këto janë gjashtë muaj.
Korrik, Gusht, Shtator
Tetor, Nëntor, Dhjetor.

Getränke

Pije

Ich trinke Tee.	Unë pi çaj.
Ich trinke Kaffee.	Unë pi kafe.
Ich trinke Mineralwasser.	Unë pi ujë mineral.
Trinkst du Tee mit Zitrone?	A pi ti çaj me limon?
Trinkst du Kaffee mit Zucker?	A pi ti kafe me sheqer?
Trinkst du Wasser mit Eis?	A pi ti ujë me akull?
Hier ist eine Party.	Këtu bëhet një festë.
Die Leute trinken Sekt.	Njerëzit pinë shampanjë.
Die Leute trinken Wein und Bier.	Njerëzit pinë verë dhe birrë.
Trinkst du Alkohol?	A pi alkol?
Trinkst du Whisky?	A pi uiski?
Trinkst du Cola mit Rum?	A pi kola me rum?
Ich mag keinen Sekt.	Shampanja nuk më pëlqen.
Ich mag keinen Wein.	Vera nuk më pëlqen.
Ich mag kein Bier.	Birra nuk më pëlqen.
Das Baby mag Milch.	Bebi do qumësht.
Das Kind mag Kakao und Apfelsaft.	Fëmija do kakao dhe lëng molle.
Die Frau mag Orangensaft und Grapefruitsaft.	Gruaja do lëng portokalli dhe lëng limoni.

Tätigkeiten

Veprimtaritë

Was macht Martha?	Çfarë bën Marta?
Sie arbeitet im Büro.	Ajo punon në zyrë.
Sie arbeitet am Computer.	Ajo punon në kompjuter.
Wo ist Martha?	Ku është Marta?
Im Kino.	Në kinema.
Sie schaut sich einen Film an.	Ajo po shikon një film.
Was macht Peter?	Çfarë bën Peteri?
Er studiert an der Universität.	Ai studion në universitet.
Er studiert Sprachen.	Ai studion gjuhët.
Wo ist Peter?	Ku është Peteri?
Im Café.	Në kafe.
Er trinkt Kaffee.	Ai pi kafe.
Wohin gehen sie gern?	Ku shkoni me qejf?
Ins Konzert.	Në koncert.
Sie hören gern Musik.	Ato dëgjojnë me kënaqësi muzikë.
Wohin gehen sie nicht gern?	Ku nuk shkoni me qejf?
In die Disco.	Në disko.
Sie tanzen nicht gern.	Atyre nuk u pëlqen të kërcejnë.

Farben

Ngjyrat

Der Schnee ist weiß.	Bora është e bardhë.
Die Sonne ist gelb.	Dielli është i verdhë.
Die Orange ist orange.	Portokalli është portokalli.
Die Kirsche ist rot.	Qershia është e kuqe.
Der Himmel ist blau.	Qielli është blu.
Das Gras ist grün.	Bari është jeshil.
Die Erde ist braun.	Toka është kafe.
Die Wolke ist grau.	Reja është gri.
Die Reifen sind schwarz.	Rrotat janë të zeza.
Welche Farbe hat der Schnee? Weiß.	Çfarë ngjyre është bora? E bardhë.
Welche Farbe hat die Sonne? Gelb.	Çfarë ngjyre është dielli? I verdhë.
Welche Farbe hat die Orange? Orange.	Çfarë ngjyre është portokalli? Portokalli.
Welche Farbe hat die Kirsche? Rot.	Çfarë ngjyre është qershia? E kuqe.
Welche Farbe hat der Himmel? Blau.	Çfarë ngjyre është qielli? Blu.
Welche Farbe hat das Gras? Grün.	Çfarë ngjyre është bari? Jeshil.
Welche Farbe hat die Erde? Braun.	Çfarë ngjyre është toka? Kafe.
Welche Farbe hat die Wolke? Grau.	Çfarë ngjyre është reja? Gri.
Welche Farbe haben die Reifen? Schwarz.	Çfarë ngjyre janë rrotat? Të zeza.

Früchte und Lebensmittel

Fruta dhe perime

Ich habe eine Erdbeere.	Kam një luleshtrydhe.
Ich habe eine Kiwi und eine Melone.	Kam një kivi dhe një pjepër.
Ich habe eine Orange und eine Grapefruit.	Kam një portokall dhe një qit.
Ich habe einen Apfel und eine Mango.	Kam një mollë dhe një mango.
Ich habe eine Banane und eine Ananas.	Kam një banane dhe një ananas.
Ich mache einen Obstsalat.	Unë bëj një sallat me fruta.
Ich esse einen Toast.	Une ha një tost.
Ich esse einen Toast mit Butter.	Unë ha një tost me gjalpë.
Ich esse einen Toast mit Butter und Marmelade.	Unë ha një tost me gjalpë dhe marmelatë.
Ich esse ein Sandwich.	Unë ha një sanduiç.
Ich esse ein Sandwich mit Margarine.	Unë ha një sanduiç me margarinë.
Ich esse ein Sandwich mit Margarine und Tomate.	Unë ha një sanduiç me margarinë dhe domate.
Wir brauchen Brot und Reis.	Duam bukë dhe oriz.
Wir brauchen Fisch und Steaks.	Duam peshk dhe byftek.
Wir brauchen Pizza und Spagetti.	Duam pica dhe makarona.
Was brauchen wir noch?	Për çfarë kemi nevojë tjetër?
Wir brauchen Karotten und Tomaten für die Suppe.	Na duhen karrota dhe domate për supën.
Wo ist ein Supermarkt?	Ku ka nje supermarket?

ahreszeiten und Wetter

Stinët dhe moti

Das sind die Jahreszeiten:	Këto janë stinët e vitit:
Der Frühling, der Sommer,	pranvera, vera
der Herbst und der Winter.	Vjeshta, dimri.
Der Sommer ist heiß.	Vera është e nxehtë.
Im Sommer scheint die Sonne.	Në verë dielli shkëlqen.
Im Sommer gehen wir gern spazieren.	Në verë dalim me qejf shëtitje.
Der Winter ist kalt.	Dimri është i ftohtë.
Im Winter schneit oder regnet es.	Në dimër bie borë ose shi.
Im Winter bleiben wir gern zu Hause.	Në dimër rrimë me qejf në shtëpi.
Es ist kalt.	është ftohtë.
Es regnet.	Bie shi.
Es ist windig.	Ka erë.
Es ist warm.	është ngrohtë.
Es ist sonnig.	është me diell.
Es ist heiter.	është kohë e kthjellët.
Wie ist das Wetter heute?	Si është moti sot?
Es ist kalt heute.	Sot është ftohtë.
Es ist warm heute.	Sot është ngrohtë.

Hier ist unser Haus.	Këtu është shtëpia jonë.
Oben ist das Dach.	Lart është çatia.
Unten ist der Keller.	Poshtë është bodrumi.
Hinter dem Haus ist ein Garten.	Mbrapa shtëpisë është kopshti.
Vor dem Haus ist keine Straße.	Para shtëpisë nuk ka rrugë.
Neben dem Haus sind Bäume.	Pranë shtëpisë ka pemë.
Hier ist meine Wohnung.	Kjo është banesa ime.
Hier ist die Küche und das Bad.	Kjo është kuzhina dhe banjoja.
Dort sind das Wohnzimmer und das Schlafzimmer.	Atje është dhoma e ndenjës dhe dhoma e gjumit.
Die Haustür ist geschlossen.	Dera e shtëpisë është e mbyllur.
Aber die Fenster sind offen.	Por dritaret janë të hapura.
Es ist heiß heute.	Sot është nxehtë.
Wir gehen in das Wohnzimmer.	Ne shkojmë në dhomën e ndenjës.
Dort sind ein Sofa und ein Sessel.	Atje është një divan dhe një kolltuk.
Setzen Sie sich!	Uluni!
Dort steht mein Computer.	Atje është kompjuteri im.
Dort steht meine Stereoanlage.	Atje është magnetofoni im.
Der Fernseher ist ganz neu.	Televizori është i ri fare.

18 [achtzehn]	18 [tetëmbëdhjetë]
Hausputz	**Pastrim shtëpie**

Heute ist Samstag.	Sot është e shtunë.
Heute haben wir Zeit.	Sot kemi kohë.
Heute putzen wir die Wohnung.	Sot pastrojmë banesën.
Ich putze das Bad.	Unë pastroj banjon.
Mein Mann wäscht das Auto.	Burri im lan makinën.
Die Kinder putzen die Fahrräder.	Fëmijët lajnë biçikletat.
Oma gießt die Blumen.	Gjyshja ujit lulet.
Die Kinder räumen das Kinderzimmer auf.	Fëmij ët pastrojnë dhomën.
Mein Mann räumt seinen Schreibtisch auf.	Burri im pastron tavolinën e shkrimit.
Ich stecke die Wäsche in die Waschmaschine.	Fus rrobat në lavatriçe.
Ich hänge die Wäsche auf.	Var rrobat.
Ich bügele die Wäsche.	Hekuros rrobat.
Die Fenster sind schmutzig.	Dritaret janë të pista.
Der Fußboden ist schmutzig.	Dyshemeja është e pistë.
Das Geschirr ist schmutzig.	Enët jane te palara.
Wer putzt die Fenster?	Kush i lan dritaret?
Wer saugt Staub?	Kush e merr pluhrin?
Wer spült das Geschirr?	Kush i lan enët?

In der Küche

Në kuzhinë

Hast du eine neue Küche?	A ke një kuzhinë të re?
Was willst du heute kochen?	Çfarë do të gatuash sot?
Kochst du elektrisch oder mit Gas?	Gatuan me korent apo me gaz?
Soll ich die Zwiebeln schneiden?	A ti pres qepët?
Soll ich die Kartoffeln schälen?	A ti qëroj patatet?
Soll ich den Salat waschen?	A ta laj sallatën?
Wo sind die Gläser?	Ku jane gotat?
Wo ist das Geschirr?	Ku janë enët?
Wo ist das Besteck?	Ku është kompleti?
Hast du einen Dosenöffner?	A ke hapëse kanoçesh?
Hast du einen Flaschenöffner?	A ke hapëse shishesh?
Hast du einen Korkenzieher?	A ke tapënxjerrëse?
Kochst du die Suppe in diesem Topf?	A do e gatuash supën te kjo tenxherja?
Brätst du den Fisch in dieser Pfanne?	A do ta pjekësh peshkun në këtë tigan?
Grillst du das Gemüse auf diesem Grill?	A do i pjekësh perimet te ky gril?
Ich decke den Tisch.	Unë shtroj tavolinën.
Hier sind die Messer, Gabeln und Löffel.	Këtu janë thikat, pirunjtë, dhe lugët.
Hier sind die Gläser, die Teller und die Servietten.	Këtu janë gotat, pjatat, dhe picetat.

Small Talk 1

Bisedë e shkurtër 1

Machen Sie es sich bequem!	Rehatohuni!
Fühlen Sie sich wie zu Hause!	Rrini si në shtëpinë tuaj!
Was möchten Sie trinken?	Çfarë dëshironi të pini?
Lieben Sie Musik?	A ju pëlqen muzika?
Ich mag klassische Musik.	Më pëlqen muzika klasike.
Hier sind meine CDs.	Ja ku janë CD-të e mia.
Spielen Sie ein Instrument?	A luani ndonjë instrument?
Hier ist meine Gitarre.	Ja kitarja ime.
Singen Sie gern?	A këndoni me qejf?
Haben Sie Kinder?	A keni fëmijë?
Haben Sie einen Hund?	Keni ju një qen?
Haben Sie eine Katze?	A keni një mace?
Hier sind meine Bücher.	Ja librat e mi.
Ich lese gerade dieses Buch.	Po lexoj këtë libër.
Was lesen Sie gern?	Çfarë lexoni me dëshirë?
Gehen Sie gern ins Konzert?	A shkoni me qejf në koncert?
Gehen Sie gern ins Theater?	A shkoni me qejf në teatër?
Gehen Sie gern in die Oper?	A shkoni me qejf në opera?

Small Talk 2

Bisedë e shkurtër 2

Woher kommen Sie?	Nga vini?
Aus Basel.	Nga Bazeli.
Basel liegt in der Schweiz.	Bazeli ndodhet në Zvicër.
Darf ich Ihnen Herrn Müller vorstellen?	A mund t'ju prezantoj me zotin Myler?
Er ist Ausländer.	Ai është i huaj.
Er spricht mehrere Sprachen.	Ai flet disa gjuhë.
Sind Sie zum ersten Mal hier?	është hera e parë qe jeni këtu?
Nein, ich war schon letztes Jahr hier.	Jo, vitin e kaluar isha këtu.
Aber nur eine Woche lang.	Por vetëm për një javë.
Wie gefällt es Ihnen bei uns?	A ju pëlqen këtu te ne?
Sehr gut. Die Leute sind nett.	Shumë mirë. Njerëzit janë të mirë.
Und die Landschaft gefällt mir auch.	Dhe peisazhi më pëlqen shumë.
Was sind Sie von Beruf?	Çfarë profesioni keni?
Ich bin Übersetzer.	Jam përkthyes.
Ich übersetze Bücher.	Unë përkthej libra.
Sind Sie allein hier?	Vetëm jeni këtu?
Nein, meine Frau / mein Mann ist auch hier.	Jo, gruaja/ burri im është gjithashtu këtu.
Und dort sind meine beiden Kinder.	Dhe atje janë të dy fëmijët e mi.

Small Talk 3

Bisedë e shkurtër 3

Rauchen Sie?	A pini duhan?
Früher ja.	Më përpara po.
Aber jetzt rauche ich nicht mehr.	Por tani nuk pi më.
Stört es Sie, wenn ich rauche?	A bezdiseni, në qoftë se pi duhan?
Nein, absolut nicht.	Jo, absolutisht jo.
Das stört mich nicht.	Nuk bezdisem.
Trinken Sie etwas?	Doni të pini dicka?
Einen Cognac?	Një konjak?
Nein, lieber ein Bier.	Jo, më mirë një birrë.
Reisen Sie viel?	A udhëtoni shumë?
Ja, meistens sind das Geschäftsreisen.	Po, në të shumtën e rasteve për punë.
Aber jetzt machen wir hier Urlaub.	Por tani po bëjmë pushime këtu.
Was für eine Hitze!	Sa vapë!
Ja, heute ist es wirklich heiß.	Po, tani është me të vërtetë nxehtë.
Gehen wir auf den Balkon.	A shkojmë te ballkoni?
Morgen gibt es hier eine Party.	Nesër këtu ka festë.
Kommen Sie auch?	A do të vini dhe ju?
Ja, wir sind auch eingeladen.	Po, edhe ne jemi ftuar.

Fremdsprachen lernen

Mësoj gjuhë të huaja

Wo haben Sie Spanisch gelernt?	Ku keni mësuar spanisht?
Können Sie auch Portugiesisch?	A dini portugalisht?
Ja, und ich kann auch etwas Italienisch.	Po, di dhe pak italisht.
Ich finde, Sie sprechen sehr gut.	Mendoj se flisni shumë mirë.
Die Sprachen sind ziemlich ähnlich.	Gjuhët janë gati njësoj.
Ich kann sie gut verstehen.	Mund t'ju kuptoj mirë.
Aber sprechen und schreiben ist schwer.	Por të flasësh dhe të shkruash është e vështirë.
Ich mache noch viele Fehler.	Bëj akoma shumë gabime.
Bitte korrigieren Sie mich immer.	Ju lutem më korrigjoni.
Ihre Aussprache ist ganz gut.	shqiptimi juaj është mjaft i mirë.
Sie haben einen kleinen Akzent.	Ju keni një theks të shkurtër.
Man erkennt, woher Sie kommen.	Dalloheni se nga vini.
Was ist Ihre Muttersprache?	Cila është gjuha juaj amtare?
Machen Sie einen Sprachkurs?	A frekuentoni ndonjë kurs gjuhe?
Welches Lehrwerk benutzen Sie?	Çfarë libri përdorni?
Ich weiß im Moment nicht, wie das heißt.	Nuk e di për momentin, se si quhet.
Mir fällt der Titel nicht ein.	S'më kujtohet titulli.
Ich habe das vergessen.	E kam harruar.

Verabredung

Takim

Hast du den Bus verpasst?	A e humbe autobusin?
Ich habe eine halbe Stunde auf dich gewartet.	Të kam pritur një gjysmë ore.
Hast du kein Handy bei dir?	A s'ke celular me vete?
Sei das nächste Mal pünktlich!	Ji korrekte herën tjetër!
Nimm das nächste Mal ein Taxi!	Merr një taksi herën tjetër!
Nimm das nächste Mal einen Regenschirm mit!	Merr një çadër herën tjetër!
Morgen habe ich frei.	Nesër kam pushim.
Wollen wir uns morgen treffen?	A do të takohemi nesër?
Tut mir Leid, morgen geht es bei mir nicht.	Më vjen keq, nesër s'mundem.
Hast du dieses Wochenende schon etwas vor?	A ke ndonje plan këtë fundjavë?
Oder bist du schon verabredet?	Apo ke lënë tashmë ndonjë takim?
Ich schlage vor, wir treffen uns am Wochenende.	Propozoj të takohemi në fundjavë.
Wollen wir Picknick machen?	A të bëjmë piknik?
Wollen wir an den Strand fahren?	A të shkojmë në plazh?
Wollen wir in die Berge fahren?	A të shkojmë në male?
Ich hole dich vom Büro ab.	Po vij të të marr në zyrë.
Ich hole dich von zu Hause ab.	Po vij të të marr në shtëpi.
Ich hole dich an der Bushaltestelle ab.	Po vij të të marr te stacioni i autobusit.

In der Stadt

Në qytet

Ich möchte zum Bahnhof.	Dua të shkoj te stacioni i trenit.
Ich möchte zum Flughafen.	Dua të shkoj në aeroport.
Ich möchte ins Stadtzentrum.	Dua të shkoj në qendër.
Wie komme ich zum Bahnhof?	Si të shkoj të stacioni i trenit?
Wie komme ich zum Flughafen?	Si të shkoj në aeroport?
Wie komme ich ins Stadtzentrum?	Si të shkoj në qendër?
Ich brauche ein Taxi.	Kam nevojë për një taksi.
Ich brauche einen Stadtplan.	Kam nevojë për një plan qyteti.
Ich brauche ein Hotel.	Kam nevojë për një hotel.
Ich möchte ein Auto mieten.	Dua të marr me qira një makinë.
Hier ist meine Kreditkarte.	Urdhëro kartën time të kreditit.
Hier ist mein Führerschein.	Urdhëro patentën time.
Was gibt es in der Stadt zu sehen?	Çfarë mund të vizitoj në qytet?
Gehen Sie in die Altstadt.	Shkoni në qytetin e vjetër.
Machen Sie eine Stadtrundfahrt.	Bëni një xhiro nëpër qytet.
Gehen Sie zum Hafen.	Shkoni në port.
Machen Sie eine Hafenrundfahrt.	Bëni një xhiro në port.
Welche Sehenswürdigkeiten gibt es außerdem noch?	Çfarë mrekullish ka tjetër?

In der Natur

Në natyrë

Siehst du dort den Turm?

Siehst du dort den Berg?

Siehst du dort das Dorf?

Siehst du dort den Fluss?

Siehst du dort die Brücke?

Siehst du dort den See?

Der Vogel da gefällt mir.

Der Baum da gefällt mir.

Der Stein hier gefällt mir.

Der Park da gefällt mir.

Der Garten da gefällt mir.

Die Blume hier gefällt mir.

Ich finde das hübsch.

Ich finde das interessant.

Ich finde das wunderschön.

Ich finde das hässlich.

Ich finde das langweilig.

Ich finde das furchtbar.

A e shikon kullën?

A e shikon malin?

A e shikon fshatin?

A e shikon lumin?

A e shikon urën?

A e shikon liqenin?

Zogu atje më pëlqen.

Pema atje më pëlqen.

Guri atje më pëlqen.

Parku atje më pëlqen.

Kopshti atje më pëlqen.

Lulja këtu më pëlqen.

Më duket i bukur.

Më duket interesant.

Më duket i mrekullueshëm.

Më duket i shëmtuar.

Më duket i mërzitshëm.

Më duket i fikshëm.

Im Hotel - Ankunft

Në hotel - Mbërritja

Haben Sie ein Zimmer frei?	A keni ndonjë dhomë të lirë?
Ich habe ein Zimmer reserviert.	Kam rezervuar një dhomë.
Mein Name ist Müller.	Emri im është Myler.
Ich brauche ein Einzelzimmer.	Dua një dhomë teke.
Ich brauche ein Doppelzimmer.	Dua një dhomë çift.
Wie viel kostet das Zimmer pro Nacht?	Sa kushton dhoma një natë?
Ich möchte ein Zimmer mit Bad.	Dua një dhomë me banjo.
Ich möchte ein Zimmer mit Dusche.	Dua një dhomë me dush.
Kann ich das Zimmer sehen?	A mund ta shoh dhomën?
Gibt es hier eine Garage?	A ka këtu një garazh?
Gibt es hier einen Safe?	A ka këtu një kasafortë?
Gibt es hier ein Fax?	A ka këtu një faks?
Gut, ich nehme das Zimmer.	Mirë, po e marr dhomën.
Hier sind die Schlüssel.	Urdhëro çelsat.
Hier ist mein Gepäck.	Urdhëro bagazhin tim.
Um wie viel Uhr gibt es Frühstück?	Në ç'orë hahet mëngjesi?
Um wie viel Uhr gibt es Mittagessen?	Në ç'orë hahet dreka?
Um wie viel Uhr gibt es Abendessen?	Në ç'orë hahet darka?

m Hotel - Beschwerden

Në hotel - ankesat

Die Dusche funktioniert nicht.

Dushi nuk funksionon.

Es kommt kein warmes Wasser.

S'del ujë i ngrohtë.

Können Sie das reparieren lassen?

A mund ta rregulloni?

Es gibt kein Telefon im Zimmer.

S'ka telefon në dhomë.

Es gibt keinen Fernseher im Zimmer.

S'ka televizor në dhomë.

Das Zimmer hat keinen Balkon.

Dhoma s'ka ballkon.

Das Zimmer ist zu laut.

Dhoma është shumë e zhurmshme.

Das Zimmer ist zu klein.

Dhoma është shumë e vogël.

Das Zimmer ist zu dunkel.

Dhoma është shumë e errët.

Die Heizung funktioniert nicht.

Ngrohja nuk funksionon.

Die Klimaanlage funktioniert nicht.

Kondicioneri nuk funksionon.

Der Fernseher ist kaputt.

Televizori është i prishur.

Das gefällt mir nicht.

Nuk më pëlqen.

Das ist mir zu teuer.

është shumë i shtrenjtë.

Haben Sie etwas Billigeres?

A keni ndonjë gjë më të lirë?

Gibt es hier in der Nähe eine Jugendherberge?

A ka këtu afër ndonjë bujtinë për të rinjtë?

Gibt es hier in der Nähe eine Pension?

A ka këtu afër ndonjë hotel?

Gibt es hier in der Nähe ein Restaurant?

A ka këtu afër ndonjë restorant?

Im Restaurant 1

Në restorant 1

Ist der Tisch frei?	A është tavolina e lirë?
Ich möchte bitte die Speisekarte.	Ju lutem menunë.
Was können Sie empfehlen?	Çfarë më rekomandoni?
Ich hätte gern ein Bier.	Do të doja një birrë.
Ich hätte gern ein Mineralwasser.	Do të doja një ujë mineral.
Ich hätte gern einen Orangensaft.	Do të doja një lëng portokalli.
Ich hätte gern einen Kaffee.	Do të doja një kafe.
Ich hätte gern einen Kaffee mit Milch.	Do të doja një kafe me qumësht.
Mit Zucker, bitte.	Me sheqer, të lutem.
Ich möchte einen Tee.	Dua një çaj.
Ich möchte einen Tee mit Zitrone.	Dua një çaj me limon.
Ich möchte einen Tee mit Milch.	Dua një çaj me qumësht.
Haben Sie Zigaretten?	A keni cigare?
Haben Sie einen Aschenbecher?	A keni një tavull duhani?
Haben Sie Feuer?	A keni për ta ndezur?
Mir fehlt eine Gabel.	Më mungon një pirun.
Mir fehlt ein Messer.	Më mungon një thikë.
Mir fehlt ein Löffel.	Më mungon një lugë.

Im Restaurant 2

Në restorant 2

Einen Apfelsaft, bitte.	Një lëng molle të lutem.
Eine Limonade, bitte.	Një limonatë të lutem.
Einen Tomatensaft, bitte.	Një lëng domatesh, ju lutem.
Ich hätte gern ein Glas Rotwein.	Do të doja një gotë me verë të kuqe.
Ich hätte gern ein Glas Weißwein.	Do të doja një gotë me verë të bardhë.
Ich hätte gern eine Flasche Sekt.	Do të doja një shishe me shampanjë.
Magst du Fisch?	A do peshk?
Magst du Rindfleisch?	A do mish lope?
Magst du Schweinefleisch?	A do mish derri?
Ich möchte etwas ohne Fleisch.	Dua diçka pa mish.
Ich möchte eine Gemüseplatte.	Dua një pjatë të madhe me perime.
Ich möchte etwas, was nicht lange dauert.	Dua diçka që nuk zgjat shumë.
Möchten Sie das mit Reis?	E doni me pilaf?
Möchten Sie das mit Nudeln?	E doni me makarona?
Möchten Sie das mit Kartoffeln?	E doni me patate?
Das schmeckt mir nicht.	Nuk më shijon.
Das Essen ist kalt.	Ushqimi është i ftohtë.
Das habe ich nicht bestellt.	Nuk e kam porositur këtë.

Im Restaurant 3

Në restorant 3

Ich möchte eine Vorspeise.	Dua një antipastë.
Ich möchte einen Salat.	Dua një sallatë.
Ich möchte eine Suppe.	Dua një supë.
Ich möchte einen Nachtisch.	Dua një ëmbëlsirë.
Ich möchte ein Eis mit Sahne.	Dua një akullore me ajkë.
Ich möchte Obst oder Käse.	Dua fruta ose djath.
Wir möchten frühstücken.	Ne duam të hamë mëngjes.
Wir möchten zu Mittag essen.	Ne duam të hamë drekë.
Wir möchten zu Abend essen.	Ne duam të hamë darkë.
Was möchten Sie zum Frühstück?	Çfarë doni për mëngjes?
Brötchen mit Marmelade und Honig?	Simite të vogla me marmelatë dhe mjaltë?
Toast mit Wurst und Käse?	Tost me sallam dhe djath?
Ein gekochtes Ei?	Një vezë të zier?
Ein Spiegelei?	Një vezë të skuqur sy?
Ein Omelett?	Një omëletë?
Bitte noch einen Joghurt.	Ju lutem dhe një kos.
Bitte noch Salz und Pfeffer.	Ju lutem kripë dhe piper.
Bitte noch ein Glas Wasser.	Ju lutem edhe një gotë ujë.

Im Restaurant 4

Në restorant 4

Einmal Pommes frites mit Ketchup.	Patate të skuqura me salcë.
Und zweimal mit Mayonnaise.	Dhe dyherë me majonez.
Und dreimal Bratwurst mit Senf.	Dhe treherë salçiçe me mustardë.
Was für Gemüse haben Sie?	Çfarë perimesh keni ju?
Haben Sie Bohnen?	A keni fasule?
Haben Sie Blumenkohl?	Keni lulelakër?
Ich esse gern Mais.	Unë ha me qejf misër.
Ich esse gern Gurken.	Unë ha me qejf kastravec.
Ich esse gern Tomaten.	Unë ha me qejf domate.
Essen Sie auch gern Lauch?	Hani me qejf qepë?
Essen Sie auch gern Sauerkraut?	Hani me qejf lakër turshi?
Essen Sie auch gern Linsen?	Hani me qejf thjerrëza?
Isst du auch gern Karotten?	A i ke qejf karrotat?
Isst du auch gern Brokkoli?	A ke qejf brokoli?
Isst du auch gern Paprika?	A i ke qejf specat?
Ich mag keine Zwiebeln.	S'më pëlqejnë qepët.
Ich mag keine Oliven.	S'më pëlqejnë ullinjte.
Ich mag keine Pilze.	S'më pëlqejnë kërpudhat.

Im Bahnhof

Në stacionin e trenit

Wann fährt der nächste Zug nach Berlin?	Kur niset treni tjetër për Berlin?
Wann fährt der nächste Zug nach Paris?	Kur niset treni tjetër për Paris?
Wann fährt der nächste Zug nach London?	Kur niset treni tjetër për Londër?
Um wie viel Uhr fährt der Zug nach Warschau?	Në ç'orë niset treni për Varshavë?
Um wie viel Uhr fährt der Zug nach Stockholm?	Në ç'orë niset treni për Stokholm?
Um wie viel Uhr fährt der Zug nach Budapest?	Në ç'orë niset treni për në Budapest?
Ich möchte eine Fahrkarte nach Madrid.	Dua një biletë për Madrid.
Ich möchte eine Fahrkarte nach Prag.	Dua një biletë për Prag.
Ich möchte eine Fahrkarte nach Bern.	Dua një biletë për Bern.
Wann kommt der Zug in Wien an?	Kur arrin treni në Vjen?
Wann kommt der Zug in Moskau an?	Kur arrin treni në Moskë?
Wann kommt der Zug in Amsterdam an?	Kur arrin treni në Amsterdam?
Muss ich umsteigen?	A duhet të ndërroj tren?
Von welchem Gleis fährt der Zug ab?	Në cilën platformë niset treni?
Gibt es Schlafwagen im Zug?	A ka vagon gjumi në tren?
Ich möchte nur die Hinfahrt nach Brüssel.	Vetem për vajtjen në Bruksel.
Ich möchte eine Rückfahrkarte nach Kopenhagen.	Dua një biletë kthimi për në Kopenhagen.
Was kostet ein Platz im Schlafwagen?	Sa kushton një vend në vagonin me shtretër?

Im Zug

Në tren

Ist das der Zug nach Berlin?	A është ky treni për Berlin?
Wann fährt der Zug ab?	Kur niset treni?
Wann kommt der Zug in Berlin an?	Kur arrin në Berlin?
Verzeihung, darf ich vorbei?	Më falni, a mund të kaloj?
Ich glaube, das ist mein Platz.	Mendoj se ky është vendi im.
Ich glaube, Sie sitzen auf meinem Platz.	Mendoj se ju jeni ulur në vendin tim.
Wo ist der Schlafwagen?	Ku është vagonin me shtretër?
Der Schlafwagen ist am Ende des Zuges.	vagoni me shtretër është në fund të trenit.
Und wo ist der Speisewagen? - Am Anfang.	Ku është vagoni me restorant? - Në fillim.
Kann ich unten schlafen?	A mund të fle poshtë?
Kann ich in der Mitte schlafen?	A mund të fle në mes?
Kann ich oben schlafen?	A mund të fle lart?
Wann sind wir an der Grenze?	Kur arrijmë në kufi?
Wie lange dauert die Fahrt nach Berlin?	Sa zgjat udhëtimi për në Berlin?
Hat der Zug Verspätung?	A u vonua treni?
Haben Sie etwas zu lesen?	A keni ndonjë gjë për të lexuar?
Kann man hier etwas zu essen und zu trinken bekommen?	A mund të marrësh ndonjë gjë për të ngrënë dhe pirë këtu?
Würden Sie mich bitte um 7.00 Uhr wecken?	A mund të më zgjoni në orën 7.00?

Am Flughafen

Në aeroport

Ich möchte einen Flug nach Athen buchen.

Ist das ein Direktflug?

Bitte einen Fensterplatz, Nichtraucher.

Ich möchte meine Reservierung bestätigen.

Ich möchte meine Reservierung stornieren.

Ich möchte meine Reservierung umbuchen.

Wann geht die nächste Maschine nach Rom?

Sind noch zwei Plätze frei?

Nein, wir haben nur noch einen Platz frei.

Wann landen wir?

Wann sind wir da?

Wann fährt ein Bus ins Stadtzentrum?

Ist das Ihr Koffer?

Ist das Ihre Tasche?

Ist das Ihr Gepäck?

Wie viel Gepäck kann ich mitnehmen?

Zwanzig Kilo.

Was, nur zwanzig Kilo?

Dua të rezervoj një flutirim për Athinë.

A është fluturimi direkt?

Një vend afër dritares, ku s'pihet duhan.

Dua të konfirmoj një rezervim.

Dua të anulloj një rezervim.

Dua të ndryshoj rezervimin.

Kur niset avioni tjetër për Romë?

A ka dhe dy vende bosh?

Jo, kemi vetëm një vend bosh.

Kur do të ulemi?

Kur arrijmë atje?

Kur niset autobusi në qendër?

A është valixhja juaj kjo?

A është çanta juaj kjo?

A është bagazhi juaj ky?

Sa bagazh mund të marr?

Njëzet kile.

Çfarë, vetëm njëzet kile?

Öffentlicher Nahverkehr

Transporti lokal publik

Wo ist die Bushaltestelle?	Ku është stacioni i autobusit?
Welcher Bus fährt ins Zentrum?	Cili autobus shkon në qendër?
Welche Linie muss ich nehmen?	Cilën linjë duhet të marr?
Muss ich umsteigen?	A më duhet të ndërroj autobus?
Wo muss ich umsteigen?	Ku duhet të ndërroj autobus?
Was kostet ein Fahrschein?	Sa kushton një biletë?
Wie viele Haltestellen sind es bis zum Zentrum?	Sa stacione ka deri në qendër?
Sie müssen hier aussteigen.	Ju duhet të zbrisni këtu.
Sie müssen hinten aussteigen.	Ju duhet të zbrisni mbrapa.
Die nächste U-Bahn kommt in 5 Minuten.	Metroja tjetër vjen për 5 minuta.
Die nächste Straßenbahn kommt in 10 Minuten.	Tramvaji tjetër vjen për 10 minuta.
Der nächste Bus kommt in 15 Minuten.	Autobusi tjetër vjen për 15 minuta.
Wann fährt die letzte U-Bahn?	Kur niset metroja e fundit?
Wann fährt die letzte Straßenbahn?	Kur niset tramvaji i fundit?
Wann fährt der letzte Bus?	Kur niset autobusi i fundit?
Haben Sie einen Fahrschein?	A keni një biletë?
Einen Fahrschein? - Nein, ich habe keinen.	Një biletë? - Jo, nuk kam.
Dann müssen Sie eine Strafe zahlen.	Atëherë duhet të paguani gjobën.

Unterwegs

Rrugës

Er fährt mit dem Motorrad.	Ai udhëton me motoçikletë.
Er fährt mit dem Fahrrad.	Ai udhëton me biçikletë.
Er geht zu Fuß.	Ai shkon në këmbë.
Er fährt mit dem Schiff.	Ai udhëton me anije.
Er fährt mit dem Boot.	Ai udhëton me varkë.
Er schwimmt.	Ai noton.
Ist es hier gefährlich?	A është e rrezikshme këtu?
Ist es gefährlich, allein zu trampen?	A është e rrezikshme të udhëtosh me auto-stop?
Ist es gefährlich, nachts spazieren zu gehen?	A është e rrezikshme të shëtisësh natën?
Wir haben uns verfahren.	Kemi ngatërruar rrugën.
Wir sind auf dem falschen Weg.	Jemi në rrugë të gabuar.
Wir müssen umkehren.	Duhet të kthehemi.
Wo kann man hier parken?	Ku mund të parkojmë këtu?
Gibt es hier einen Parkplatz?	A ka vend parkimi këtu?
Wie lange kann man hier parken?	Sa mund të parkojmë?
Fahren Sie Ski?	A bëni ski?
Fahren Sie mit dem Skilift nach oben?	A do të ngjiteni lart me ashensorin?
Kann man hier Ski leihen?	A mund të marrësh ketu hua slita për ski?

Rufen Sie bitte ein Taxi.	Thirrni ju lutem një taksi.
Was kostet es bis zum Bahnhof?	Sa kushton deri te stacioni i trenit?
Was kostet es bis zum Flughafen?	Sa kushton deri në aeroport?
Bitte geradeaus.	Ju lutem drejt.
Bitte hier nach rechts.	Ju lutem djathtas.
Bitte dort an der Ecke nach links.	Në qoshe majtas.
Ich habe es eilig.	E kam me nxitim.
Ich habe Zeit.	Kam kohë.
Fahren Sie bitte langsamer.	Ecni më ngadalë ju lutem.
Halten Sie hier bitte.	Ndaloni këtu ju lutem.
Warten Sie bitte einen Moment.	Prisni një moment ju lutem.
Ich bin gleich zurück.	Ja erdha.
Bitte geben Sie mir eine Quittung.	Llogarinë ju lutem.
Ich habe kein Kleingeld.	S'kam lekë të vogla.
Es stimmt so, der Rest ist für Sie.	Mirë kaq, kusurin mbajeni vetë.
Fahren Sie mich zu dieser Adresse.	Më çoni te kjo adresë.
Fahren Sie mich zu meinem Hotel.	Më çoni në hotelin tim.
Fahren Sie mich zum Strand.	Më çoni në plazh.

Autopanne

Avari makine

Wo ist die nächste Tankstelle?	Ku është karburanti tjetër?
Ich habe einen Platten.	Më është shfryrë goma.
Können Sie das Rad wechseln?	A mund të ma ndërroni rrotën?
Ich brauche ein paar Liter Diesel.	Kam nevojë për disa litra naftë.
Ich habe kein Benzin mehr.	S'kam më benzin.
Haben Sie einen Reservekanister?	Mos keni ndonjë bidon rezervë?
Wo kann ich telefonieren?	Ku mund të marr në telefon?
Ich brauche einen Abschleppdienst.	Më duhet një shërbim karrotreci.
Ich suche eine Werkstatt.	Po kërkoj një ofiçinë.
Es ist ein Unfall passiert.	Ndodhi një aksident.
Wo ist das nächste Telefon?	Ku është telefoni tjetër?
Haben Sie ein Handy bei sich?	A keni një celular me vete?
Wir brauchen Hilfe.	Kemi nevojë për ndihmë.
Rufen Sie einen Arzt!	Thërrisni një mjek!
Rufen Sie die Polizei!	Thërrisni policinë!
Ihre Papiere, bitte.	Dokumentat ju lutem.
Ihren Führerschein, bitte.	Patentën, ju lutem.
Ihren Kfz-Schein, bitte.	Dëshminë e automjetit, ju lutem.

Nach dem Weg fragen

Pyes për rrugën

Entschuldigen Sie!	Më falni!
Können Sie mir helfen?	A mund të më ndihmoni?
Wo gibt es hier ein gutes Restaurant?	Ku ndodhet ndonjë restorant i mirë këtu?
Gehen Sie links um die Ecke.	Ecni majtas, në qoshe.
Gehen Sie dann ein Stück geradeaus.	Ecni pastaj pak drejt.
Gehen Sie dann hundert Meter nach rechts.	Ecni pastaj 100 metra djathtas.
Sie können auch den Bus nehmen.	Mund të merrni dhe autobusin.
Sie können auch die Straßenbahn nehmen.	Mund të merrni dhe tramvajin.
Sie können auch einfach hinter mir herfahren.	Mund të udhëtoni dhe mbrapa meje.
Wie komme ich zum Fußballstadion?	Si mund të shkoj në stadium?
Überqueren Sie die Brücke!	Kaloni urën!
Fahren Sie durch den Tunnel!	Kaloni tunelin!
Fahren Sie bis zur dritten Ampel.	Udhëtoni deri te semafori i tretë.
Biegen Sie dann die erste Straße rechts ab.	Kthehuni pastaj në rrugën e parë djathtas.
Fahren Sie dann geradeaus über die nächste Kreuzung.	Udhëtoni pastaj drejt deri te kryqëzimi tjetër.
Entschuldigung, wie komme ich zum Flughafen?	Më falni, si mund të shkoj në aeroport?
Am besten nehmen Sie die U-Bahn.	Më mirë merrni metronë.
Fahren Sie einfach bis zur Endstation.	Udhëtoni deri te stacioni i fundit.

Orientierung

Orientimi

Wo ist das Fremdenverkehrsamt?	Ku është zyra e turizmit?
Haben Sie einen Stadtplan für mich?	A keni një plan qyteti për mua?
Kann man hier ein Hotelzimmer reservieren?	A mund të rezervosh një dhomë hoteli këtu?
Wo ist die Altstadt?	Ku është qyteti i vjetër?
Wo ist der Dom?	Ku është katedralja?
Wo ist das Museum?	Ku është muzeu?
Wo gibt es Briefmarken zu kaufen?	Ku ka pulla për të blerë?
Wo gibt es Blumen zu kaufen?	Ku ka lule për të blerë?
Wo gibt es Fahrkarten zu kaufen?	Ku ka bileta për të blerë?
Wo ist der Hafen?	Ku është porti?
Wo ist der Markt?	Ku është pazari?
Wo ist das Schloss?	Ku është kështjella?
Wann beginnt die Führung?	Kur fillon udhëtimi me cicëron?
Wann endet die Führung?	Kur mbaron udhëtimi me cicëron?
Wie lange dauert die Führung?	Sa zgjat udhëtimi me cicëron?
Ich möchte einen Führer, der Deutsch spricht.	Dua një cicëron që flet gjermanisht.
Ich möchte einen Führer, der Italienisch spricht.	Dua një cicëron që flet italisht.
Ich möchte einen Führer, der Französisch spricht.	Dua një cicëron që flet frengjisht.

Stadtbesichtigung

Vizitë në qytet

Ist der Markt sonntags geöffnet?	A është i hapur pazari të dielave?
Ist die Messe montags geöffnet?	A është i hapur panairi të hënave?
Ist die Ausstellung dienstags geöffnet?	A është e hapur ekspozita të martave?
Hat der Zoo mittwochs geöffnet?	A është i hapur kopshti zoologjik të mërkurave?
Hat das Museum donnerstags geöffnet?	A është i hapur muzeu të enjteve?
Hat die Galerie freitags geöffnet?	A është e hapur galeria të premteve?
Darf man fotografieren?	A mund të bëj fotografi?
Muss man Eintritt bezahlen?	A duhet të paguaj hyrjen?
Wie viel kostet der Eintritt?	Sa kushton hyrja?
Gibt es eine Ermäßigung für Gruppen?	A ka ulje çmimi për grupe?
Gibt es eine Ermäßigung für Kinder?	A ka ulje çmimi për fëmijë?
Gibt es eine Ermäßigung für Studenten?	A ka ulje çmimi për studentë?
Was für ein Gebäude ist das?	Çfarë ndërtese është kjo?
Wie alt ist das Gebäude?	Sa e vjetër është ndërtesa?
Wer hat das Gebäude gebaut?	Kush e ka ndërtuar ndërtesen?
Ich interessiere mich für Architektur.	Unë interesohem për arkitekturën.
Ich interessiere mich für Kunst.	Unë interesohem për artin.
Ich interessiere mich für Malerei.	Unë interesohem për pikturën.

45

Im Zoo

Në kopshtin zoologjik

Dort ist der Zoo.	Atje është kopshti zoologjik.
Dort sind die Giraffen.	Atje janë xhirafat.
Wo sind die Bären?	Ku janë arinjtë?
Wo sind die Elefanten?	Ku janë elefantët?
Wo sind die Schlangen?	Ku janë gjarpërinjtë?
Wo sind die Löwen?	Ku janë luanët?
Ich habe einen Fotoapparat.	Kam një aparat fotografik.
Ich habe auch eine Filmkamera.	Kam dhe një kamer filmike.
Wo ist eine Batterie?	Ku ka një bateri?
Wo sind die Pinguine?	Ku janë pinguinët?
Wo sind die Kängurus?	Ku janë kangurët?
Wo sind die Nashörner?	Ku janë rinoceronët?
Wo ist eine Toilette?	Ku është tualeti?
Dort ist ein Café.	Atje është një kafe.
Dort ist ein Restaurant.	Atje është një restorant.
Wo sind die Kamele?	Ku janë devetë?
Wo sind die Gorillas und die Zebras?	Ku janë gorillat dhe zebrat?
Wo sind die Tiger und die Krokodile?	Ku janë tigrat dhe krokodilat?

Abends ausgehen

Të dalësh mbëmjeve

Gibt es hier eine Diskothek?	A ka këtu ndonjë diskotekë?
Gibt es hier einen Nachtclub?	A ka këtu ndonjë klub nate?
Gibt es hier eine Kneipe?	A ka këtu ndonjë bar?
Was gibt es heute Abend im Theater?	Çfarë shfaqet sot në mbrëmje në teatër?
Was gibt es heute Abend im Kino?	Çfarë shfaqet sot në mbrëmje në kinema?
Was gibt es heute Abend im Fernsehen?	Çfarë shfaqet sot në mbrëmje në televizor?
Gibt es noch Karten fürs Theater?	A ka më bileta për teatër?
Gibt es noch Karten fürs Kino?	A ka më bileta për kinema?
Gibt es noch Karten für das Fußballspiel?	A ka më bileta për ndeshjen e futbollit?
Ich möchte ganz hinten sitzen.	Dua të ulem krejt mbrapa.
Ich möchte irgendwo in der Mitte sitzen.	Dua të ulem diku në mes.
Ich möchte ganz vorn sitzen.	Dua të ulem krejt përpara.
Können Sie mir etwas empfehlen?	A mund të më rekomandoni diçka?
Wann beginnt die Vorstellung?	Kur fillon shfaqja?
Können Sie mir eine Karte besorgen?	A mund të më gjeni një biletë?
Ist hier in der Nähe ein Golfplatz?	A ka ndonjë shesh golfi këtu afër?
Ist hier in der Nähe ein Tennisplatz?	A ka këtu afër ndonjë shesh tenisi?
Ist hier in der Nähe ein Hallenbad?	A ka këtu afër ndonjë pishinë të mbyllur?

Im Kino

Në kinema

Wir wollen ins Kino.	Duam të shkojmë në kinema.
Heute läuft ein guter Film.	Sot shfaqet një film i bukur.
Der Film ist ganz neu.	Filmi është krejt i ri.
Wo ist die Kasse?	Ku është arka?
Gibt es noch freie Plätze?	A ka vende të lira?
Was kosten die Eintrittskarten?	Sa kushtojnë biletat për tu futur brenda?
Wann beginnt die Vorstellung?	Kur fillon shfaqja?
Wie lange dauert der Film?	Sa zgjat filmi?
Kann man Karten reservieren?	A mund të rezervosh bileta?
Ich möchte hinten sitzen.	Dua të ulem mbrapa.
Ich möchte vorn sitzen.	Dua të ulem para.
Ich möchte in der Mitte sitzen.	Dua të ulem në mes.
Der Film war spannend.	Filmi ishte tërheqës.
Der Film war nicht langweilig.	Filmi s'ishte i mërzitshëm.
Aber das Buch zum Film war besser.	Por libri mbi filmin ishte më i mirë.
Wie war die Musik?	Si tu duk muzika?
Wie waren die Schauspieler?	Si ishin aktorët?
Gab es Untertitel in englischer Sprache?	A kishte nëntitull në anglisht?

In der Diskothek

Në diskotekë

Ist der Platz hier frei?	A është vendi këtu bosh?
Darf ich mich zu Ihnen setzen?	A mund të ulem afër jush?
Gern.	Me kënaqësi.
Wie finden Sie die Musik?	Si ju duket muzika?
Ein bisschen zu laut.	Pak e lartë.
Aber die Band spielt ganz gut.	Por grupi i bie mjaft mirë.
Sind Sie öfter hier?	A vini shpesh këtu?
Nein, das ist das erste Mal.	Jo, kjo është hera e parë.
Ich war noch nie hier.	S'kam qenë asnjëherë këtu.
Tanzen Sie?	A kërceni?
Später vielleicht.	Më vonë ndoshta.
Ich kann nicht so gut tanzen.	S'kërcej aq mirë.
Das ist ganz einfach.	është shumë e thjeshtë.
Ich zeige es Ihnen.	Po jua tregoj.
Nein, lieber ein anderes Mal.	Jo, më mirë një herë tjetër.
Warten Sie auf jemand?	A po prisni njeri?
Ja, auf meinen Freund.	Po, një shok.
Da hinten kommt er ja!	Ja ku po vjen ai!

Reisevorbereitungen

Përgatitjet për udhëtin

Du musst unseren Koffer packen!	Ti duhet të bësh gati valixhen tonë!
Du darfst nichts vergessen!	S'duhet të harrosh asgjë!
Du brauchst einen großen Koffer!	Ke nevojë për një valixhe të madhe!
Vergiss nicht den Reisepass!	Mos harro pashaportën!
Vergiss nicht das Flugticket!	Mos harro biletën e fluturimit!
Vergiss nicht die Reiseschecks!	Mos harro çeqet e udhëtimit!
Nimm Sonnencreme mit.	Merr kremin kundra-diellit me vete.
Nimm die Sonnenbrille mit.	Merr syzet e diellit me vete.
Nimm den Sonnenhut mit.	Merr kapelen me vete.
Willst du eine Straßenkarte mitnehmen?	A do ta marrësh një hartë rruge me vete?
Willst du einen Reiseführer mitnehmen?	A do ta marrësh një guidë me vete?
Willst du einen Regenschirm mitnehmen?	A do ta marrësh një çadër me vete?
Denk an die Hosen, die Hemden, die Socken.	Mendo për pantallonat, këmishat, çorapet.
Denk an die Krawatten, die Gürtel, die Sakkos.	Mendo për kravatat, rrypat,xhaketat.
Denk an die Schlafanzüge, die Nachthemden und die T-Shirts.	Mendo për kostumet e gjumit, këmishat e natës dhe bluzat.
Du brauchst Schuhe, Sandalen und Stiefel.	Ti ke nevojë për këpucë, sandale dhe çizme.
Du brauchst Taschentücher, Seife und eine Nagelschere.	Ti ke nevojë për shami hundësh, sapun dhe një gërshërë thonjsh.
Du brauchst einen Kamm, eine Zahnbürste und Zahnpasta.	Ke nevojë për një krëhër, një furçe dhëmbësh dhe një pastë dhëmbësh.

Urlaubsaktivitäten

Aktivitetet në pushime

Ist der Strand sauber?	A është i pastër plazhi?
Kann man dort baden?	A mund të bëhet banjo atje?
Ist es nicht gefährlich, dort zu baden?	A s' është e rrezikshme të bësh banjo atje?
Kann man hier einen Sonnenschirm leihen?	A mund të marr me qira një çadër plazhi?
Kann man hier einen Liegestuhl leihen?	A mund të marr me qira një shazllon?
Kann man hier ein Boot leihen?	A mund të marr me qira një varkë?
Ich würde gern surfen.	Do të bëja me qejf sërf.
Ich würde gern tauchen.	Do të zhytesha me qejf.
Ich würde gern Wasserski fahren.	Do të bëja me qejf ski mbi ujë.
Kann man ein Surfbrett mieten?	Ku mund të marr me qira një dërrasë sërfi?
Kann man eine Taucherausrüstung mieten?	Ku mund ta marr me qira mjetet për tu zhytur?
Kann man Wasserskier mieten?	A mund ti marrësh me qira slitat për ski mbi ujë?
Ich bin erst Anfänger.	Jam fillestar.
Ich bin mittelgut.	Jam mesatarisht i mirë.
Ich kenne mich damit schon aus.	Di të orientohem.
Wo ist der Skilift?	Ku është ashensori për ngjitje?
Hast du denn Skier dabei?	A i ke me vete slitat për ski?
Hast du denn Skischuhe dabei?	A i ke me vete këpucët për ski?

Sport

Sport

Treibst du Sport?	A merresh me sport?
Ja, ich muss mich bewegen.	Po, duhet të lëviz.
Ich gehe in einen Sportverein.	Unë shkoj në një klub sportiv.
Wir spielen Fußball.	Ne luajmë futboll.
Manchmal schwimmen wir.	Disaherë notojmë.
Oder wir fahren Rad.	Ose ecim me biçikletë.
In unserer Stadt gibt es ein Fußballstadion.	Në qytetin tonë ndodhet një stadium futbolli.
Es gibt auch ein Schwimmbad mit Sauna.	Ndodhet dhe një pishinë me sauna.
Und es gibt einen Golfplatz.	Ndodhet dhe një shesh golfi.
Was gibt es im Fernsehen?	Çfarë shfaqet në televizor?
Gerade gibt es ein Fußballspiel.	Tani po luhet një ndeshje futbolli.
Die deutsche Mannschaft spielt gegen die englische.	Skuadra gjermane po luan kundër asaj angleze.
Wer gewinnt?	Kush fiton?
Ich habe keine Ahnung.	S'e kam idenë.
Im Moment steht es unentschieden.	Për momentin janë barazim.
Der Schiedsrichter kommt aus Belgien.	Arbitri vjen nga Belgjika.
Jetzt gibt es einen Elfmeter.	Tani ka një 11 (njëmbëdhjetë) metërsh.
Tor! Eins zu null!	Gol! 1 (një) me 0 (zero).

Im Schwimmbad

Në pishinë

Heute ist es heiß.	Sot është nxehtë.
Gehen wir ins Schwimmbad?	A shkojmë në pishinë?
Hast du Lust, schwimmen zu gehen?	A ke qejf të shkojmë të notojmë?
Hast du ein Handtuch?	A ke një peshqir?
Hast du eine Badehose?	A ke mbathje banje?
Hast du einen Badeanzug?	A ke kostum banje?
Kannst du schwimmen?	A di të notosh?
Kannst du tauchen?	A di të zhytesh?
Kannst du ins Wasser springen?	A di të hidhesh në ujë?
Wo ist die Dusche?	Ku është dushi?
Wo ist die Umkleidekabine?	Ku është kabina e zhveshjes?
Wo ist die Schwimmbrille?	Ku janë syzet e notit?
Ist das Wasser tief?	A është i thellë uji?
Ist das Wasser sauber?	A është i pastër uji?
Ist das Wasser warm?	A është i ngrohtë uji?
Ich friere.	Po ngrij.
Das Wasser ist zu kalt.	Uji është shumë i ftohtë.
Ich gehe jetzt aus dem Wasser.	Po dal nga uji.

Besorgungen machen

Bëj pazarin

Ich will in die Bibliothek.	Dua të shkoj në bibliotekë.
Ich will in die Buchhandlung.	Dua të shkoj në librari.
Ich will zum Kiosk.	Dua të shkoj te kioska.
Ich will ein Buch leihen.	Dua të marr hua një libër.
Ich will ein Buch kaufen.	Dua të blej një libër.
Ich will eine Zeitung kaufen.	Dua të blej një gazetë.
Ich will in die Bibliothek, um ein Buch zu leihen.	Dua të shkoj në bibliotekë të marr një libër.
Ich will in die Buchhandlung, um ein Buch zu kaufen.	Dua të shkoj në librari të blej një libër.
Ich will zum Kiosk, um eine Zeitung zu kaufen.	Dua të shkoj te kioska për të blerë një gazetë.
Ich will zum Optiker.	Dua të shkoj te okulisti.
Ich will zum Supermarkt.	Dua të shkoj në supermarket.
Ich will zum Bäcker.	Dua të shkoj te bukëpjekësi.
Ich will eine Brille kaufen.	Dua të blej syze.
Ich will Obst und Gemüse kaufen.	Dua të blej fruta dhe perime.
Ich will Brötchen und Brot kaufen.	Dua të blej simite dhe bukë.
Ich will zum Optiker, um eine Brille zu kaufen.	Dua të shkoj te okulisti për të blerë syze.
Ich will zum Supermarkt, um Obst und Gemüse zu kaufen.	Dua të blej në supermarket për të blerë fruta dhe perime.
Ich will zum Bäcker, um Brötchen und Brot zu kaufen.	Dua të shkoj te bukëpjekësi për të blerë simite dhe bukë.

Im Kaufhaus

Në mapo

Gehen wir in ein Kaufhaus?	A shkojmë në mapo?
Ich muss Einkäufe machen.	Dua të bëj pazar.
Ich will viel einkaufen.	Dua të blej shumë gjëra.
Wo sind die Büroartikel?	Ku janë artikujt e zyrave?
Ich brauche Briefumschläge und Briefpapier.	Më duhen zarfe dhe letra.
Ich brauche Kulis und Filzstifte.	Më duhen stilolapsa dhe lapustina me ngjyrë.
Wo sind die Möbel?	Ku janë mobiljet?
Ich brauche einen Schrank und eine Kommode.	Më duhet një dollap dhe një komo.
Ich brauche einen Schreibtisch und ein Regal.	Më duhet një tavolinë shkrimi dhe një raft.
Wo sind die Spielsachen?	Ku janë lodrat?
Ich brauche eine Puppe und einen Teddybär.	Më duhet një kukull dhe një arush.
Ich brauche einen Fußball und ein Schachspiel.	Më duhet një top dhe një lojë shahu.
Wo ist das Werkzeug?	Ku është vegla e punës?
Ich brauche einen Hammer und eine Zange.	Më duhet një çekiç dhe një pincë.
Ich brauche einen Bohrer und einen Schraubenzieher.	Më duhet një trapano dhe një kaçavidë.
Wo ist der Schmuck?	Ku janë bizhuteritë?
Ich brauche eine Kette und ein Armband.	Kam nevojë për një zinxhir dhe një byzylyk.
Ich brauche einen Ring und Ohrringe.	Kam nevojë për një unazë dhe një palë vathë.

Geschäfte

Dyqane

Wir suchen ein Sportgeschäft.	Ne kërkojmë një dyqan sportiv.
Wir suchen eine Fleischerei.	Ne kërkojmë një dyqan mishi.
Wir suchen eine Apotheke.	Ne kërkojmë një farmaci.

Wir möchten nämlich einen Fußball kaufen.　　Ne duam të blejmë një top.

Wir möchten nämlich Salami kaufen.　　Duam të blejmë sallam.

Wir möchten nämlich Medikamente kaufen.　　Duam të blejmë ilaçe.

Wir suchen ein Sportgeschäft, um einen Fußball zu kaufen.　　Ne kërkojmë një dyqan sportiv për të blerë një top.

Wir suchen eine Fleischerei, um Salami zu kaufen.　　Ne kërkojmë një dyqan mishi për të blerë sallam.

Wir suchen eine Apotheke, um Medikamente zu kaufen.　　Ne kërkojmë një farmaci për të blerë ilaçe.

Ich suche einen Juwelier.　　Ne kërkojmë një dyqan argjendarie.

Ich suche ein Fotogeschäft.　　Ne kërkojmë një dyqan fotografish.

Ich suche eine Konditorei.　　Ne kërkojmë një ëmbëltore.

Ich habe nämlich vor, einen Ring zu kaufen.　　Kam ndërmend të blej një unazë.

Ich habe nämlich vor, einen Film zu kaufen.　　Kam ndërmend të blej një film.

Ich habe nämlich vor, eine Torte zu kaufen.　　Kam ndërmend të blej një tortë.

Ich suche einen Juwelier, um einen Ring zu kaufen.　　Kërkoj një argjendari, për të blerë një unazë.

Ich suche ein Fotogeschäft, um einen Film zu kaufen.　　Kërkoj një dyqan fotografish, për të blerë një film.

Ich suche eine Konditorei, um eine Torte zu kaufen.　　Kërkoj një ëmbëltoren, për të blerë një tortë.

Einkaufen

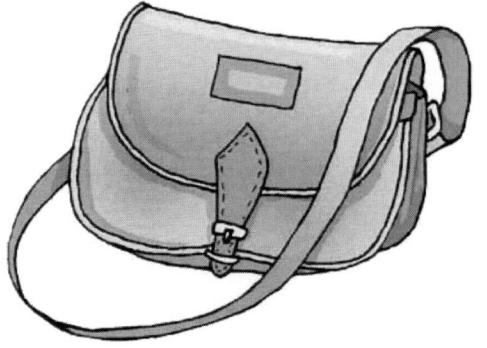

Bëj pazar

Ich möchte ein Geschenk kaufen.	Dua të blej një dhuratë.
Aber nichts allzu Teueres.	Por jo shumë të shtrenjtë.
Vielleicht eine Handtasche?	Ndoshta një çantë dore?
Welche Farbe möchten Sie?	Çfarë ngjyre dëshironi?
Schwarz, braun oder weiß?	Të zezë, kafe apo të bardhë?
Eine große oder eine kleine?	Të madhe apo të vogël?
Darf ich diese mal sehen?	A mund ta shikoj këtë?
Ist die aus Leder?	A është lëkurë ?
Oder ist die aus Kunststoff?	Apo është sintetike?
Aus Leder natürlich.	Lëkure natyrisht.
Das ist eine besonders gute Qualität.	Kjo është një cilësi goxha e mirë.
Und die Handtasche ist wirklich sehr preiswert.	Çanta është me të vërtetë me leverdi.
Die gefällt mir.	Më pëlqen.
Die nehme ich.	Po e marr.
Kann ich die eventuell umtauschen?	A mund ta ndërroj?
Selbstverständlich.	Sigurisht.
Wir packen sie als Geschenk ein.	Po ua paketojmë si dhuratë.
Dort drüben ist die Kasse.	Atje tutje është arka.

Arbeiten

Punoj

Was machen Sie beruflich?	Çfarë profesioni keni?
Mein Mann ist Arzt von Beruf.	Burri im është mjek nga profesioni.
Ich arbeite halbtags als Krankenschwester.	Unë punoj gjysmë dite si infermiere.
Bald bekommen wir Rente.	Së shpejti do të marrim pensionin.
Aber die Steuern sind hoch.	Por taksat janë të larta.
Und die Krankenversicherung ist hoch.	Sigurimi shëndetësor është i lartë.
Was willst du einmal werden?	Çfarë do të bëhesh?
Ich möchte Ingenieur werden.	Dua të bëhem inxhinjer.
Ich will an der Universität studieren.	Dua të studioj në universitet.
Ich bin Praktikant.	Jam praktikant.
Ich verdiene nicht viel.	Nuk fitoj shumë.
Ich mache ein Praktikum im Ausland.	Po bëj një praktikë jashtë shtetit.
Das ist mein Chef.	Ky është shefi im.
Ich habe nette Kollegen.	Kam kolegë të mirë.
Mittags gehen wir immer in die Kantine.	Drekave shkojmë gjithmonë në mencë.
Ich suche eine Stelle.	Po kërkoj një vend pune.
Ich bin schon ein Jahr arbeitslos.	Që prej një viti jam pa punë.
In diesem Land gibt es zu viele Arbeitslose.	Në këtë vend ka shumë të papunë.

Gefühle

Ndjenjat

Lust haben	Kam qejf
Wir haben Lust.	Ne kemi qejf.
Wir haben keine Lust.	S'kemi qejf.
Angst haben	Të kesh frikë
Ich habe Angst.	Kam frikë.
Ich habe keine Angst.	Nuk kam frikë.
Zeit haben	Kam kohë.
Er hat Zeit.	Ai ka kohë.
Er hat keine Zeit.	Ai s'ka kohë.
Langeweile haben	Të kesh mërzi
Sie hat Langeweile.	Ajo ka mërzi.
Sie hat keine Langeweile.	Ajo nuk ka mërzi.
Hunger haben	Të kesh uri.
Habt ihr Hunger?	A keni uri?
Habt ihr keinen Hunger?	Nuk keni uri?
Durst haben	Kam etje.
Sie haben Durst.	Ato kanë etje.
Sie haben keinen Durst.	Ato nuk kanë etje.

Beim Arzt

Te mjeku

Ich habe einen Termin beim Arzt.	Kam takim te mjeku.
Ich habe den Termin um zehn Uhr.	Kam një takim në orën dhjetë.
Wie ist Ihr Name?	Si e keni emrin?
Bitte nehmen Sie im Wartezimmer Platz.	Zini vend në dhomën e pritjes ju lutem.
Der Arzt kommt gleich.	Mjeku vjen tani.
Wo sind Sie versichert?	Ku jeni siguruar ju?
Was kann ich für Sie tun?	Çfarë mund të bëj për ju?
Haben Sie Schmerzen?	A keni dhimbje?
Wo tut es weh?	Ku të dhemb?
Ich habe immer Rückenschmerzen.	Kam gjithmonë dhimbje kurrizi.
Ich habe oft Kopfschmerzen.	Kam shpesh dhimbje koke.
Ich habe manchmal Bauchschmerzen.	Disaherë kam dhimbje barku.
Machen Sie bitte den Oberkörper frei!	Ma zbulo pjesën e sipërme të trupit ju lutem!
Legen Sie sich bitte auf die Liege!	Shtihuni në krevat ju lutem!
Der Blutdruck ist in Ordnung.	Tensioni i gjakut është në rregull.
Ich gebe Ihnen eine Spritze.	Po ju jap një gjilpërë.
Ich gebe Ihnen Tabletten.	Po ju jap tableta.
Ich gebe Ihnen ein Rezept für die Apotheke.	Po ju jap një recetë për në farmaci.

Körperteile

Pjesët e trupit

Ich zeichne einen Mann.	Po vizatoj një burrë.
Zuerst den Kopf.	Në fillim kokën.
Der Mann trägt einen Hut.	Burri mban një kapele.
Die Haare sieht man nicht.	Nuk i duken flokët.
Die Ohren sieht man auch nicht.	Nuk i duken dhe veshët.
Den Rücken sieht man auch nicht.	Edhe kurrizi nuk i duket.
Ich zeichne die Augen und den Mund.	Unë po i vizatoj sytë dhe gojën.
Der Mann tanzt und lacht.	Burri kërcen dhe qesh.
Der Mann hat eine lange Nase.	Burri ka një hundë të gjatë.
Er trägt einen Stock in den Händen.	Ai mban një shkop në duar.
Er trägt auch einen Schal um den Hals.	Ai mban dhe një shall në qafë.
Es ist Winter und es ist kalt.	është dimër dhe ftohtë.
Die Arme sind kräftig.	Krahët i ka të fuqishëm.
Die Beine sind auch kräftig.	Edhe këmbët i ka të fuqishëm.
Der Mann ist aus Schnee.	Burri është prej bore.
Er trägt keine Hose und keinen Mantel.	Ai nuk ka veshur pantallona dhe pallto.
Aber der Mann friert nicht.	Por burri nuk ngrin.
Er ist ein Schneemann.	Ai është një burrë prej bore.

Im Postamt

Në zyrën e postës

Wo ist das nächste Postamt?	Ku është zyra tjetër e postës?
Ist es weit bis zum nächsten Postamt?	A është larg deri te zyra tjetër e postës?
Wo ist der nächste Briefkasten?	Ku është kutia tjetër e letrave?
Ich brauche ein paar Briefmarken.	Më duhen disa pulla.
Für eine Karte und einen Brief.	Për një kartolinë dhe një letër.
Wie teuer ist das Porto nach Amerika?	Sa është tarifa postare për në Amerikë?
Wie schwer ist das Paket?	Sa peshon paketa?
Kann ich es per Luftpost schicken?	A mund ta dërgoj me post ajrore?
Wie lange dauert es, bis es ankommt?	Sa zgjat deri sa të arrijë?
Wo kann ich telefonieren?	Ku mund të marr në telefon?
Wo ist die nächste Telefonzelle?	Ku është kabina tjetër telefonike?
Haben Sie Telefonkarten?	A keni karta telefoni?
Haben Sie ein Telefonbuch?	A keni libër telefoni?
Kennen Sie die Vorwahl von Österreich?	A e dini prefiksin e Austrisë?
Einen Augenblick, ich schau mal nach.	Një moment, po e shikoj.
Die Leitung ist immer besetzt.	Linja është gjithmonë e zënë.
Welche Nummer haben Sie gewählt?	Cilit numër i keni rënë?
Sie müssen zuerst die Null wählen!	Duhet ti bini në fillim zeros.

In der Bank

Në bankë

Ich möchte ein Konto eröffnen.	Dua të hap një llogari.
Hier ist mein Pass.	Urdhëro pashaportën time.
Und hier ist meine Adresse.	Kjo është adresa ime.
Ich möchte Geld auf mein Konto einzahlen.	Dua të depozitoj lekë në llogarinë time.
Ich möchte Geld von meinem Konto abheben.	Dua të tërheq lekë nga llogaria ime.
Ich möchte die Kontoauszüge abholen.	Dua të marr kopjet e llogarisë.
Ich möchte einen Reisescheck einlösen.	Dua të thyej një çek udhëtimi.
Wie hoch sind die Gebühren?	Sa të larta janë tarifat?
Wo muss ich unterschreiben?	Ku të nënshkruaj?
Ich erwarte eine Überweisung aus Deutschland.	Po pres një transferë nga Gjermania.
Hier ist meine Kontonummer.	Urdhëro numrin e kontos.
Ist das Geld angekommen?	A kane mbërritur lekët?
Ich möchte dieses Geld wechseln.	Dua të thyej këto lekë.
Ich brauche US-Dollar.	Më duhen dollar amerikan.
Bitte geben Sie mir kleine Scheine.	Më jepni lekë të vogla, ju lutem.
Gibt es hier einen Geldautomat?	A ndodhet këtu ndonjë bankomat?
Wie viel Geld kann man abheben?	Sa lekë mund të tërheqësh?
Welche Kreditkarten kann man benutzen?	Çfarë kartash krediti mund të përdorësh?

Ordinalzahlen

Numra rreshtor

Der erste Monat ist der Januar.	Muaji i parë është janari.
Der zweite Monat ist der Februar.	Muaji i dytë është shkurti.
Der dritte Monat ist der März.	Muaji i tretë është marsi.
Der vierte Monat ist der April.	Muaji i katërt është prilli.
Der fünfte Monat ist der Mai.	Muaji i pestë është mai.
Der sechste Monat ist der Juni.	Muaji i gjashtë është qershori.
Sechs Monate sind ein halbes Jahr.	Gjashtë muaj janë një gjysmë viti.
Januar, Februar, März,	janar,shkurt,mars,
April, Mai und Juni.	Prill,maj,qershor.
Der siebte Monat ist der Juli.	Muaji i shtatë është korriku.
Der achte Monat ist der August.	Muaji i tetë është gushti.
Der neunte Monat ist der September.	Muaji i nëntë është shtatori.
Der zehnte Monat ist der Oktober.	Muaji i dhjetë është tetori.
Der elfte Monat ist der November.	Muaji i njëmbëdhjetë është nëntori.
Der zwölfte Monat ist der Dezember.	Muaji i dymbëdhjetë është dhjetori.
Zwölf Monate sind ein Jahr.	Dymbëdhjetë muaj janë një vit.
Juli, August, September,	korrik,gusht,shtator,
Oktober, November und Dezember.	Tetor,nëntor,dhjetor.

Fragen stellen 1

Bëj pyetje 1

lernen	Mësoj
Lernen die Schüler viel?	A mësojnë shumë nxënësit?
Nein, sie lernen wenig.	Jo, mësojnë pak.
fragen	Pyes
Fragen Sie oft den Lehrer?	E pyesni shpesh mësuesin?
Nein, ich frage ihn nicht oft.	Jo nuk e pyes shpesh.
antworten	Përgjigjem
Antworten Sie, bitte.	Përgjigjuni ju lutem.
Ich antworte.	Unë përgjigjem.
arbeiten	Punoj
Arbeitet er gerade?	A po punon ai tani?
Ja, er arbeitet gerade.	Po, ai po punon.
kommen	Vij
Kommen Sie?	A vini?
Ja, wir kommen gleich.	Po po vijmë tani.
wohnen	Banoj
Wohnen Sie in Berlin?	A banoni në Berlin?
Ja, ich wohne in Berlin.	Po, unë banoj në Berlin.

Fragen stellen 2

Bëj pyetje 2

Ich habe ein Hobby.	Kam një dëshirë.
Ich spiele Tennis.	Unë luaj tenis.
Wo ist ein Tennisplatz?	Ku është një shesh tenisi?
Hast du ein Hobby?	A ke ndonjë dëshirë?
Ich spiele Fußball.	Unë luaj futboll.
Wo ist ein Fußballplatz?	Ku është një shesh futbolli?
Mein Arm tut weh.	Më dhemb krahu.
Mein Fuß und meine Hand tun auch weh.	Këmba dhe dora më dhembin.
Wo ist ein Doktor?	Ku është një doktor?
Ich habe ein Auto.	Unë kam një makinë.
Ich habe auch ein Motorrad.	Unë kam gjithashtu një motorr.
Wo ist ein Parkplatz?	Ku është vendi i parkimit?
Ich habe einen Pullover.	Unë kam një pulovër.
Ich habe auch eine Jacke und eine Jeans.	Unë kam dhe një xhaketë dhe një palë xhinse.
Wo ist die Waschmaschine?	Ku është një lavatriçe?
Ich habe einen Teller.	Unë kam një pjatë.
Ich habe ein Messer, eine Gabel und einen Löffel.	Unë kam një thikë, një pirun dhe një lugë.
Wo sind Salz und Pfeffer?	Ku janë kripa dhe piperi?

Verneinung 1

Mohore 1

Ich verstehe das Wort nicht.	Nuk e kuptoj fjalën.
Ich verstehe den Satz nicht.	Nuk e kuptoj fjalinë.
Ich verstehe die Bedeutung nicht.	Nuk e kuptoj kuptimin.
der Lehrer	Mësuesi
Verstehen Sie den Lehrer?	A e kuptoni mësuesin?
Ja, ich verstehe ihn gut.	Po, e kuptoj mirë.
die Lehrerin	Mësuesja
Verstehen Sie die Lehrerin?	A e kuptoni mësuesen?
Ja, ich verstehe sie gut.	Po, e kuptoj mirë.
die Leute	Njerëzit
Verstehen Sie die Leute?	A i kuptoni njerëzit?
Nein, ich verstehe sie nicht so gut.	Jo, nuk i kuptoj mirë.
die Freundin	Shoqja
Haben Sie eine Freundin?	A ke një shoqe?
Ja, ich habe eine.	Po, kam një.
die Tochter	Bija
Haben Sie eine Tochter?	A keni një vajzë?
Nein, ich habe keine.	Jo, s' kam asnjë.

Verneinung 2

Mohore 2

Ist der Ring teuer?	A është e shtrenjtë unaza?
Nein, er kostet nur hundert Euro.	Jo, kushton vetëm njëqind euro.
Aber ich habe nur fünfzig.	Por unë kam vetëm pesëdhjetë.
Bist du schon fertig?	A je gati?
Nein, noch nicht.	Jo, akoma jo.
Aber gleich bin ich fertig.	Por do të jem gati tani shpejt.
Möchtest du noch Suppe?	A do përsëri supë?
Nein, ich will keine mehr.	Jo, nuk dua më.
Aber noch ein Eis.	Por një akullore.
Wohnst du schon lange hier?	A keni shumë që banoni këtu?
Nein, erst einen Monat.	Jo, vetëm një muaj.
Aber ich kenne schon viele Leute.	Por njoh shumë njerëz.
Fährst du morgen nach Hause?	A do të nisesh për shtëpi nesër?
Nein, erst am Wochenende.	Jo, në fundjavë.
Aber ich komme schon am Sonntag zurück.	Por do të kthehem të dielën.
Ist deine Tochter schon erwachsen?	A të është rritur vajza?
Nein, sie ist erst siebzehn.	Jo, është shtatëmbëdhjetë vjeç.
Aber sie hat schon einen Freund.	Por ka tashmë një shok.

Possessivpronomen 1

Përemrat pronor 1

ich - mein	Unë - i imi
Ich finde meinen Schlüssel nicht.	Nuk po e gjej çelsin tim.
Ich finde meine Fahrkarte nicht.	Nuk po e gjej biletën time.
du - dein	Ti - i yti
Hast du deinen Schlüssel gefunden?	A ke gjetur çelsin tënd?
Hast du deine Fahrkarte gefunden?	A ke gjetur biletën tënde?
er - sein	Ai - i tij
Weißt du, wo sein Schlüssel ist?	A e di, ku është çelësi i tij?
Weißt du, wo seine Fahrkarte ist?	A e di ku është bileta e tij?
sie - ihr	Ajo - i saj
Ihr Geld ist weg.	Lekët e saj kanë humbur.
Und ihre Kreditkarte ist auch weg.	Edhe karta e saj e kreditit ka humbur.
wir - unser	Ne - i yni
Unser Opa ist krank.	Gjyshi ynë është sëmurë.
Unsere Oma ist gesund.	Gjyshja jonë është mirë.
ihr - euer	Ju - i juaji
Kinder, wo ist euer Vati?	Fëmijë ku është babi juaj?
Kinder, wo ist eure Mutti?	Fëmijë ku është mami juaj?

Possessivpronomen 2

Përemrat pronor 2

die Brille	Syzet
Er hat seine Brille vergessen.	Ka harruar syzet e tij.
Wo hat er denn seine Brille?	Ku i ka ai syzet e tij ?
die Uhr	Ora
Seine Uhr ist kaputt.	Ora e tij është e prishur.
Die Uhr hängt an der Wand.	Ora është në mur.
der Pass	Pashaporta
Er hat seinen Pass verloren.	Ai e ka humbur pashaportën e tij.
Wo hat er denn seinen Pass?	Ku e ka pashaportën ai?
sie - ihr	Ata,ato - i/e tyre
Die Kinder können ihre Eltern nicht finden.	Fëmijët nuk po i gjejnë prindërit e tyre.
Aber da kommen ja ihre Eltern!	Ja ku po vijnë prindërit e tyre!
Sie - Ihr	Ju - juaj
Wie war Ihre Reise, Herr Müller?	Si ishte udhëtimi juaj zoti Myler?
Wo ist Ihre Frau, Herr Müller?	Ku është gruaja juaj zoti Myler?
Sie - Ihr	Ju - juaj
Wie war Ihre Reise, Frau Schmidt?	Si ishte udhëtimi juaj, zonja Shmid?
Wo ist Ihr Mann, Frau Schmidt?	Si është burri juaj zonja Shmid?

groß - klein

i madh - i vogël

groß und klein	i madh dhe i vogël
Der Elefant ist groß.	Elefanti është i madh.
Die Maus ist klein.	Miu është i vogël.
dunkel und hell	I errët dhe i hapur.
Die Nacht ist dunkel.	Nata është e errët.
Der Tag ist hell.	Dita është me dritë.
alt und jung	I vjetër dhe i ri.
Unser Großvater ist sehr alt.	Gjyshi ynë është shumë i vjetër.
Vor 70 Jahren war er noch jung.	Para 70 vjetësh ai ishte akoma i ri.
schön und hässlich	I bukur dhe i shëmtuar
Der Schmetterling ist schön.	Flutura është e bukur.
Die Spinne ist hässlich.	Merimanga është e shëmtuar.
dick und dünn	I trashë dhe i hollë
Eine Frau mit 100 Kilo ist dick.	Një grua 100 kile është e shëndoshë.
Ein Mann mit 50 Kilo ist dünn.	Një burrë 50 kile është i dobët.
teuer und billig	I shtrenjtë dhe i lirë
Das Auto ist teuer.	Makina është e shtrenjtë.
Die Zeitung ist billig.	Gazeta është e lirë.

brauchen - wollen

Duhet - dua

Ich brauche ein Bett.	Më duhet një krevat.
Ich will schlafen.	Unë dua të fle.
Gibt es hier ein Bett?	A ka këtu një krevat?
Ich brauche eine Lampe.	Më duhet një llampë.
Ich will lesen.	Unë dua të lexoj.
Gibt es hier eine Lampe?	A ka këtu një llambë?
Ich brauche ein Telefon.	Më duhet një telefon.
Ich will telefonieren.	Dua të marr në telefon.
Gibt es hier ein Telefon?	A ka këtu një telefon?
Ich brauche eine Kamera.	Më duhet një kamera.
Ich will fotografieren.	Dua të fotografoj.
Gibt es hier eine Kamera?	A ka këtu një kamera?
Ich brauche einen Computer.	Më duhet një kompjuter.
Ich will eine E-Mail schicken.	Dua të dërgoj një e-mail.
Gibt es hier einen Computer?	A ndodhet këtu një kompjuter?
Ich brauche einen Kuli.	Më duhet një stilolaps.
Ich will etwas schreiben.	Dua të shkruaj diçka.
Gibt es hier ein Blatt Papier und einen Kuli?	A ka këtu një copë letër dhe një stilolaps?

etwas *mögen*

Të dëshirosh dicka

Möchten Sie rauchen?	A dëshironi të pini duhan?
Möchten Sie tanzen?	A dëshironi të kërceni?
Möchten Sie spazieren gehen?	A dëshironi të dilni shëtitje?
Ich möchte rauchen.	Dëshiroj të pi duhan.
Möchtest du eine Zigarette?	A dëshiron një cigare?
Er möchte Feuer.	Ai dëshiron zjarr.
Ich möchte etwas trinken.	Unë dëshiroj të pi diçka.
Ich möchte etwas essen.	Unë dëshiroj të ha diçka.
Ich möchte mich etwas ausruhen.	dëshiroj të pushoj pak.
Ich möchte Sie etwas fragen.	dëshiroj t'ju pyes për diçka.
Ich möchte Sie um etwas bitten.	dëshiroj t'ju kërkoj diçka.
Ich möchte Sie zu etwas einladen.	dëshiroj t'ju ftoj për diçka.
Was möchten Sie bitte?	Çfarë dëshironi ju lutem?
Möchten Sie einen Kaffee?	A dëshironi një kafe?
Oder möchten Sie lieber einen Tee?	Apo ju pëlqen më shumë një çaj?
Wir möchten nach Hause fahren.	Dëshirojme të udhëtojmë për në shtëpi.
Möchtet ihr ein Taxi?	A dëshironi një taksi?
Sie möchten telefonieren.	Ata dëshirojne të telefonojnë.

etwas *wollen*

Të duash dicka

Was wollt ihr?	Çfarë doni?
Wollt ihr Fußball spielen?	A doni të luani futboll?
Wollt ihr Freunde besuchen?	A doni të vizitoni shokët?
wollen	dua
Ich will nicht spät kommen.	Nuk dua të vij vonë.
Ich will nicht hingehen.	Unë nuk dua të shkoj atje.
Ich will nach Hause gehen.	Dua të shkoj në shtëpi.
Ich will zu Hause bleiben.	Dua të rri në shtëpi.
Ich will allein sein.	Dua të rri vetëm.
Willst du hier bleiben?	Ti do të rrish këtu?
Willst du hier essen?	Do të hash këtu?
Willst du hier schlafen?	A do të flesh këtu?
Wollen Sie morgen abfahren?	A do të nisesh nesër?
Wollen Sie bis morgen bleiben?	A do të rrini deri nesër?
Wollen Sie die Rechnung erst morgen bezahlen?	Nesër doni ta paguani llogarinë?
Wollt ihr in die Disko?	A doni të shkoni në disko?
Wollt ihr ins Kino?	A do të shkoni në kinema?
Wollt ihr ins Café?	A do shkoni në kafe?

etwas _müssen_

Diçka duhet

müssen	Duhet
Ich muss den Brief verschicken.	Dua të dërgoj letrën.
Ich muss das Hotel bezahlen.	Dua të paguaj hotelin.
Du musst früh aufstehen.	Ti duhet të ngrihesh herët.
Du musst viel arbeiten.	Ti duhet të punosh shumë.
Du musst pünktlich sein.	Ti duhet të jesh i përpiktë.
Er muss tanken.	Ai duhet të furnizohet me karburant.
Er muss das Auto reparieren.	Ai duhet të rregullojë makinën.
Er muss das Auto waschen.	Ai duhet të lajë makinën.
Sie muss einkaufen.	Ajo duhet të bëjë Pazar.
Sie muss die Wohnung putzen.	Ajo duhet të pastrojë banesën.
Sie muss die Wäsche waschen.	Ajo duhet të lajë rrobat.
Wir müssen gleich zur Schule gehen.	Ne duhet të shkojmë menjëherë në shkollë.
Wir müssen gleich zur Arbeit gehen.	Ne duhet të shkojmë menjëherë në punë.
Wir müssen gleich zum Arzt gehen.	Ne duhet të shkojmë menjëherë te mjeku.
Ihr müsst auf den Bus warten.	Ju duhet të prisni autobusin.
Ihr müsst auf den Zug warten.	Ju duhet të prisni trenin.
Ihr müsst auf das Taxi warten.	Ju duhet të prisni taksinë.

etwas *dürfen*

Diçka - mund

Darfst du schon Auto fahren?	A mund ti japësh makinës tashmë?
Darfst du schon Alkohol trinken?	A mund të pish alkol tani?
Darfst du schon allein ins Ausland fahren?	A mund të udhëtosh jashtë shtetit tani?

dürfen

mund

Dürfen wir hier rauchen?

A mund të pimë duhan këtu?

Darf man hier rauchen?

A mund të pi duhan këtu?

Darf man mit Kreditkarte bezahlen?

A mund të paguaj me kartë krediti?

Darf man mit Scheck bezahlen?

A mund të paguaj me çek?

Darf man nur bar bezahlen?

A mund të paguajë me lekë në dorë?

Darf ich mal eben telefonieren?

A mund të telefonoj njëherë?

Darf ich mal eben etwas fragen?

A mund të pyes për diçka?

Darf ich mal eben etwas sagen?

A mund të them diçka?

Er darf nicht im Park schlafen.

Ai nuk mund të flejë në park.

Er darf nicht im Auto schlafen.

Ai nuk mund të flejë në makinë.

Er darf nicht im Bahnhof schlafen.

Ai nuk mund të flejë në stacionin e trenit.

Dürfen wir Platz nehmen?

A mund të ulemi?

Dürfen wir die Speisekarte haben?

A mund të na e jepni menunë?

Dürfen wir getrennt zahlen?

A mund të paguajmë veç e veç?

um etwas _bitten_

Të lutesh për dicka

Können Sie mir die Haare schneiden?	A mund të mi prisni flokët?
Nicht zu kurz, bitte.	Jo shumë shkurt, të lutem.
Etwas kürzer, bitte.	Pak më shkurt, të lutem.
Können Sie die Bilder entwickeln?	A mund ti bëni fotografitë?
Die Fotos sind auf der CD.	Fotografitë janë në CD.
Die Fotos sind in der Kamera.	Fotografitë janë në kamera.
Können Sie die Uhr reparieren?	A mund ta rregulloni orën?
Das Glas ist kaputt.	Gota është e thyer.
Die Batterie ist leer.	Bateria është bosh.
Können Sie das Hemd bügeln?	A mund ta hekurosni këmishën?
Können Sie die Hose reinigen?	A mund ti pastroni pantallonat?
Können Sie die Schuhe reparieren?	A mund ti riparoni këpucët?
Können Sie mir Feuer geben?	A mund të më bëni zjarr?
Haben Sie Streichhölzer oder ein Feuerzeug?	A keni shkrepse ose çakmak?
Haben Sie einen Aschenbecher?	A keni një tavllë cigaresh?
Rauchen Sie Zigarren?	A pini cigare?
Rauchen Sie Zigaretten?	A pini cigare?
Rauchen Sie Pfeife?	A pini me llullë?

etwas _begründen_ 1

Të argumentosh diçka

Warum kommen Sie nicht?	Pse nuk vini?
Das Wetter ist so schlecht.	Moti është kaq i keq.
Ich komme nicht, weil das Wetter so schlecht ist.	Nuk vij, sepse moti është shumë i keq.
Warum kommt er nicht?	Pse nuk vjen ai?
Er ist nicht eingeladen.	Ai nuk është i ftuar.
Er kommt nicht, weil er nicht eingeladen ist.	Ai nuk vjen se nuk është i ftuar.
Warum kommst du nicht?	Pse nuk vjen?
Ich habe keine Zeit.	Unë nuk kam kohë.
Ich komme nicht, weil ich keine Zeit habe.	Nuk vij, sepse nuk kam kohë.
Warum bleibst du nicht?	Pse nuk rri?
Ich muss noch arbeiten.	Unë duhet të punoj akoma.
Ich bleibe nicht, weil ich noch arbeiten muss.	Nuk rri, sepse më duhet të punoj akoma.
Warum gehen Sie schon?	Pse po ikni tani?
Ich bin müde.	Unë jam e lodhur.
Ich gehe, weil ich müde bin.	Po shkoj, sepse jam e lodhur.
Warum fahren Sie schon?	Pse po ikni tani?
Es ist schon spät.	është vonë tashmë.
Ich fahre, weil es schon spät ist.	Po shkoj, sepse është vonë.

Warum bist du nicht gekommen?

Ich war krank.

Ich bin nicht gekommen, weil ich krank war.

Warum ist sie nicht gekommen?

Sie war müde.

Sie ist nicht gekommen, weil sie müde war.

Warum ist er nicht gekommen?

Er hatte keine Lust.

Er ist nicht gekommen, weil er keine Lust hatte.

Warum seid ihr nicht gekommen?

Unser Auto ist kaputt.

Wir sind nicht gekommen, weil unser Auto kaputt ist.

Warum sind die Leute nicht gekommen?

Sie haben den Zug verpasst.

Sie sind nicht gekommen, weil sie den Zug verpasst haben.

Warum bist du nicht gekommen?

Ich durfte nicht.

Ich bin nicht gekommen, weil ich nicht durfte.

Pse nuk ke ardhur?

Unë isha i sëmurë.

Nuk erdha, sepse isha i sëmurë.

Pse nuk erdhi ajo?

Ajo ishte e lodhur.

Ajo nuk erdhi, sepse ishte e lodhur.

Pse nuk ka ardhur ai?

Ai s'kishte dëshirë.

Ai nuk erdhi sepse nuk kishte dëshirë.

Pse nuk erdhët ju?

Makina jonë është e prishur.

Ne nuk erdhëm, sepse makina jonë është prishur.

Pse nuk erdhën njerëzit?

Ata e humbën trenin.

Ato nuk erdhën sepse humbën trenin.

Pse nuk erdhe ti?

Nuk më lejohej.

Unë nuk erdha sepse nuk më lejohej.

etwas *begründen* 3

Të argumentosh diçka

Warum essen Sie die Torte nicht?	Pse nuk e hani tortën?
Ich muss abnehmen.	Më duhet të bie nga pesha.
Ich esse sie nicht, weil ich abnehmen muss.	Unë nuk e ha atë, sepse dua të bie nga pesha.
Warum trinken Sie das Bier nicht?	Pse nuk e pini birrën?
Ich muss noch fahren.	Unë duhet të udhëtoj akoma.
Ich trinke es nicht, weil ich noch fahren muss.	Nuk e pi sepse duhet të udhëtoj akoma.
Warum trinkst du den Kaffee nicht?	Pse nuk e pi kafen?
Er ist kalt.	Ajo është ftohur.
Ich trinke ihn nicht, weil er kalt ist.	Unë nuk e pi atë, sepse ajo është e ftohtë.
Warum trinkst du den Tee nicht?	Pse nuk e pi çajin?
Ich habe keinen Zucker.	Nuk kam sheqer.
Ich trinke ihn nicht, weil ich keinen Zucker habe.	Nuk e pi sepse nuk kam sheqer.
Warum essen Sie die Suppe nicht?	Pse nuk e hani supën?
Ich habe sie nicht bestellt.	Nuk e kam porositur atë.
Ich esse sie nicht, weil ich sie nicht bestellt habe.	Nuk e ha, sepse nuk e kam porositur.
Warum essen Sie das Fleisch nicht?	Pse nuk e hani mishin?
Ich bin Vegetarier.	Unë jam vegjetarian.
Ich esse es nicht, weil ich Vegetarier bin.	Nuk e ha, sepse jam vegjetarian.

Adjektive 1

Mbiemrat 1

eine alte Frau	Një grua e vjetër
eine dicke Frau	Një grua e shëndoshë
eine neugierige Frau	Një grua kureshtare
ein neuer Wagen	Një makinë e re
ein schneller Wagen	Një makinë e shpejtë
ein bequemer Wagen	Një makinë komode
ein blaues Kleid	Një fustan blu
ein rotes Kleid	Një fustan i kuq
ein grünes Kleid	Një fustan jeshil
eine schwarze Tasche	Një çantë e zezë
eine braune Tasche	Një çantë kafe
eine weiße Tasche	Një çantë e bardhë
nette Leute	Njerëz të mirë
höfliche Leute	Njerëz të sjellshëm
interessante Leute	Njerëz interesant
liebe Kinder	Fëmijë të dashur
freche Kinder	Fëmijë të paturpshëm
brave Kinder	Fëmijë të mbarë

Adjektive 2

Mbiemrat 2

Ich habe ein blaues Kleid an.

Ich habe ein rotes Kleid an.

Ich habe ein grünes Kleid an.

Ich kaufe eine schwarze Tasche.

Ich kaufe eine braune Tasche.

Ich kaufe eine weiße Tasche.

Ich brauche einen neuen Wagen.

Ich brauche einen schnellen Wagen.

Ich brauche einen bequemen Wagen.

Da oben wohnt eine alte Frau.

Da oben wohnt eine dicke Frau.

Da unten wohnt eine neugierige Frau.

Unsere Gäste waren nette Leute.

Unsere Gäste waren höfliche Leute.

Unsere Gäste waren interessante Leute.

Ich habe liebe Kinder.

Aber die Nachbarn haben freche Kinder.

Sind Ihre Kinder brav?

Kam veshur një fustan blu.

Kam veshur një fustan të kuq.

Kam veshur një fustan jeshil.

Unë blej një çantë të zezë.

Unë blej një çantë kafe.

Unë blej një çantë të bardhë.

Kam nevojë për një makinë të re.

Kam nevojë për një makinë të shpejtë.

Kam nevojë për një makinë të rehatshme.

Atje lart banon një grua e vjetër.

Atje lart banon një grua e shëndoshë.

Atje lart banon një grua kureshtare.

Miqtë tonë ishin njerëz të mirë.

Miqtë tonë ishin njerëz të sjellshëm.

Miqtë tonë ishin njerëz interesant.

Unë kam fëmijë të dashur.

Por fqinjët kanë fëmijë të pacipë.

A janë fëmijët tuaj të mirë?

Adjektive 3

Mbiemrat 3

Sie hat einen Hund.	Ajo ka një qen.
Der Hund ist groß.	Qeni është i madh.
Sie hat einen großen Hund.	Ajo ka një qen të madh.
Sie hat ein Haus.	Ajo ka një shtëpi.
Das Haus ist klein.	Shtëpia është e vogël.
Sie hat ein kleines Haus.	Ajo ka një shtëpi të vogël.
Er wohnt in einem Hotel.	Ai banon në një hotel.
Das Hotel ist billig.	Hoteli është i lirë.
Er wohnt in einem billigen Hotel.	Ai banon në një hotel të vogël.
Er hat ein Auto.	Ai ka një makinë.
Das Auto ist teuer.	Makina është e shtrenjtë.
Er hat ein teures Auto.	Ai ka një makinë të shtrenjtë.
Er liest einen Roman.	Ai lexon një roman.
Der Roman ist langweilig.	Romani është i mërzitshëm.
Er liest einen langweiligen Roman.	Ai lexon një roman të mërzitshëm.
Sie sieht einen Film.	Ai shikon një film.
Der Film ist spannend.	Filmi është tërheqës.
Sie sieht einen spannenden Film.	Ai shikon një film tërheqës.

Vergangenheit 1

E shkuara 1

schreiben	Shkruaj
Er schrieb einen Brief.	Ai shkruajti një letër.
Und sie schrieb eine Karte.	Dhe ajo shkruajti një kartolinë.
lesen	Lexoj
Er las eine Illustrierte.	Ai lexoi një revistë.
Und sie las ein Buch.	Dhe ajo lexoi një libër.
nehmen	Marr
Er nahm eine Zigarette.	Ai mori një cigare.
Sie nahm ein Stück Schokolade.	Ajo mori një copë çokollatë.
Er war untreu, aber sie war treu.	Ai nuk ishte besnik, por ajo ishte besnike.
Er war faul, aber sie war fleißig.	Ai ishte dembel, por ajo ishte e zellshme.
Er war arm, aber sie war reich.	Ai ishte i varfër,por ajo ishte e pasur.
Er hatte kein Geld, sondern Schulden.	Ai s'kishte lekë por borxhe.
Er hatte kein Glück, sondern Pech.	Ai s'kishte fat por vetëm tersllëk.
Er hatte keinen Erfolg, sondern Misserfolg.	Ai s'kishte sukses por dështim.
Er war nicht zufrieden, sondern unzufrieden.	Ai nuk ishte i kënaqur por i pakënaqur.
Er war nicht glücklich, sondern unglücklich.	Ai nuk ishte i lumtur, por ishte jo i lumtur.
Er war nicht sympathisch, sondern unsympathisch.	Ai nuk ishte simpatik, por ishte jo simpatik.

Vergangenheit 2

E shkuara 2

Musstest du einen Krankenwagen rufen?	A të duhej të thirrje një ambulancë?
Musstest du den Arzt rufen?	A të duhej të thirrje mjekun?
Musstest du die Polizei rufen?	A të duhej të thirrje policinë?
Haben Sie die Telefonnummer? Gerade hatte ich sie noch.	A keni numër telefoni? Tani sa e kisha.
Haben Sie die Adresse? Gerade hatte ich sie noch.	A e keni adresën? Tani sa e kisha.
Haben Sie den Stadtplan? Gerade hatte ich ihn noch.	A e keni planin e qytetit? Tani sa e kisha.
Kam er pünktlich? Er konnte nicht pünktlich kommen.	A erdhi ai në kohë? Ai nuk mund të vinte në kohë.
Fand er den Weg? Er konnte den Weg nicht finden.	A e gjeti ai rrugën? Ai nuk mund ta gjente rrugën.
Verstand er dich? Er konnte mich nicht verstehen.	A të kuptoi ai ty? Ai nuk mund të më kuptonte.
Warum konntest du nicht pünktlich kommen?	Pse nuk munde të vije në kohë?
Warum konntest du den Weg nicht finden?	Pse nuk munde ta gjeje rrugën?
Warum konntest du ihn nicht verstehen?	Pse nuk munde ta kuptoje atë?
Ich konnte nicht pünktlich kommen, weil kein Bus fuhr.	Nuk munda të vija në kohë, sepse s'kishte autobus.
Ich konnte den Weg nicht finden, weil ich keinen Stadtplan hatte.	Nuk munda ta gjeja rrugën, sepse s'kisha plan qyteti.
Ich konnte ihn nicht verstehen, weil die Musik so laut war.	Nuk munda ta kuptoja, sepse muzika ishte e lartë.
Ich musste ein Taxi nehmen.	Më duhej të merrja një taksi.
Ich musste einen Stadtplan kaufen.	Më duhej të blija një plan qyteti.
Ich musste das Radio ausschalten.	Më duhej të fikja radion.

Vergangenheit 3

E shkuara 3

telefonieren

Ich habe telefoniert.

Ich habe die ganze Zeit telefoniert.

Telefonoj

Kam telefonuar.

Kam marr në telefon gjithë kohës.

fragen

Ich habe gefragt.

Ich habe immer gefragt.

Pyes

Unë kam pyetur.

Kam pyetur gjithmonë.

erzählen

Ich habe erzählt.

Ich habe die ganze Geschichte erzählt.

Tregoj

Kam treguar.

Unë e kam treguar të gjithë historinë.

lernen

Ich habe gelernt.

Ich habe den ganzen Abend gelernt.

Mësoj

Unë kam mësuar.

Kam mësuar gjithë mbrëmjen.

arbeiten

Ich habe gearbeitet.

Ich habe den ganzen Tag gearbeitet.

Punoj

Unë kam punuar.

Kam punuar gjithë ditën.

essen

Ich habe gegessen.

Ich habe das ganze Essen gegessen.

Ha

Unë kam ngrënë.

Unë e kam ngrënë të gjithë ushqimin.

Vergangenheit 4

E shkuara 4

lesen	Lexoj
Ich habe gelesen.	Unë kam lexuar.
Ich habe den ganzen Roman gelesen.	E kam lexuar të gjithë romanin.
verstehen	Kuptoj
Ich habe verstanden.	Unë e kam kuptuar.
Ich habe den ganzen Text verstanden.	E kam kuptuar të gjithë tekstin.
antworten	Përgjigjem
Ich habe geantwortet.	Unë jam përgjigjur.
Ich habe auf alle Fragen geantwortet.	U jam përgjigjur të gjitha pyetjeve.
Ich weiß das - ich habe das gewusst.	E di - e kam ditur.
Ich schreibe das - ich habe das geschrieben.	Unë shkruaj këtë - e kam shkruar këtë.
Ich höre das - ich habe das gehört.	E dëgjoj këtë - këtë e kam dëgjuar.
Ich hole das - ich habe das geholt.	Unë marr këtë - e kam marrë këtë.
Ich bringe das - ich habe das gebracht.	Unë sjell këtë - unë e kam sjellë këtë.
Ich kaufe das - ich habe das gekauft.	Unë blej këtë - këtë e kam blerë.
Ich erwarte das - ich habe das erwartet.	Unë e pres këtë - e kam pritur këtë.
Ich erkläre das - ich habe das erklärt.	Unë shpjegoj këtë - këtë e kam shpjeguar.
Ich kenne das - ich habe das gekannt.	Unë e njoh këtë - unë këtë e kam njohur.

Fragen - Vergangenheit 1

Pyes - e shkuara 1

Wie viel haben Sie getrunken?	Sa keni pirë ?
Wie viel haben Sie gearbeitet?	Sa keni punuar?
Wie viel haben Sie geschrieben?	Sa keni shkruar?
Wie haben Sie geschlafen?	Si keni fjetur?
Wie haben Sie die Prüfung bestanden?	Si e morët provimin?
Wie haben Sie den Weg gefunden?	Si e gjetët rrugën?
Mit wem haben Sie gesprochen?	Me kë keni folur?
Mit wem haben Sie sich verabredet?	Me kë keni lënë takim?
Mit wem haben Sie Geburtstag gefeiert?	Me kë e festuat ditëlindjen?
Wo sind Sie gewesen?	Ku keni qenë?
Wo haben Sie gewohnt?	Ku keni banuar?
Wo haben Sie gearbeitet?	Ku keni punuar?
Was haben Sie empfohlen?	çfarë keni rekomanduar?
Was haben Sie gegessen?	Çfarë keni ngrënë?
Was haben Sie erfahren?	Cfarë keni mësuar?
Wie schnell sind Sie gefahren?	Sa shpejt keni udhëtuar?
Wie lange sind Sie geflogen?	Sa kohë keni fluturuar?
Wie hoch sind Sie gesprungen?	Sa lart jeni hedhur?

agen - Vergangenheit 2

Pyes - e shkuara 2

Welche Krawatte hast du getragen?	çfarë kravate vure?
Welches Auto hast du gekauft?	Cilën makinë ke blerë?
Welche Zeitung hast du abonniert?	Në cilën gazetë je abonuar?
Wen haben Sie gesehen?	Kë keni parë?
Wen haben Sie getroffen?	Kë keni takuar?
Wen haben Sie erkannt?	Kë keni njohur?
Wann sind Sie aufgestanden?	Kur jeni ngritur?
Wann haben Sie begonnen?	Kur keni filluar?
Wann haben Sie aufgehört?	Kur keni pushuar?
Warum sind Sie aufgewacht?	Pse jeni zgjuar?
Warum sind Sie Lehrer geworden?	Pse u bëtë mësues?
Warum haben Sie ein Taxi genommen?	Pse morët një taksi?
Woher sind Sie gekommen?	Nga keni ardhur?
Wohin sind Sie gegangen?	Ku keni shkuar?
Wo sind Sie gewesen?	Ku keni qenë?
Wem hast du geholfen?	Kë ke ndihmuar?
Wem hast du geschrieben?	Kujt i ke shkruar?
Wem hast du geantwortet?	Kujt i je përgjigjur?

Vergangenheit der Modalverben 1

E shkuara e foljeve mod◄ 1

Wir mussten die Blumen gießen.	Ne duhet të ujisim lulet.
Wir mussten die Wohnung aufräumen.	Duhet të rregullonim banesën.
Wir mussten das Geschirr spülen.	Duhet të lanim enët.
Musstet ihr die Rechnung bezahlen?	A duhet të paguanit llogarinë?
Musstet ihr Eintritt bezahlen?	A duhet të paguanit për hyrjen?
Musstet ihr eine Strafe bezahlen?	A duhet të paguanit gjobën?
Wer musste sich verabschieden?	Kush duhet të ndahej?
Wer musste früh nach Hause gehen?	Kush duhet të shkonte shpejt në shtëpi?
Wer musste den Zug nehmen?	Kush duhet të merrte trenin?
Wir wollten nicht lange bleiben.	Ne nuk donim të rrinim gjatë.
Wir wollten nichts trinken.	S'donim të pinim asgjë.
Wir wollten nicht stören.	Nuk donim t'ju bezdisnim.
Ich wollte eben telefonieren.	Desha të marr në telefon.
Ich wollte ein Taxi bestellen.	Desha të porosis një taksi.
Ich wollte nämlich nach Haus fahren.	Desha të udhëtoja për në shtëpi.
Ich dachte, du wolltest deine Frau anrufen.	Mendova se doje të merrje gruan në telefon.
Ich dachte, du wolltest die Auskunft anrufen.	Mendova se doje të merrje në telefon informacionin.
Ich dachte, du wolltest eine Pizza bestellen.	Mendova se doje të porosisje një picë.

**Vergangenheit der
Modalverben 2**

**E shkuara e foljeve modale
2**

Mein Sohn wollte nicht mit der Puppe spielen.	Djali im nuk donte të luante me kukullën.
Meine Tochter wollte nicht Fußball spielen.	Vajza ime nuk donte të luante futboll.
Meine Frau wollte nicht mit mir Schach spielen.	Gruaja ime nuk donte të luante me mua shah.
Meine Kinder wollten keinen Spaziergang machen.	Fëmijët e mi nuk donin të dilnin shëtitje.
Sie wollten nicht das Zimmer aufräumen.	Ata nuk donin të rregullonin dhomën.
Sie wollten nicht ins Bett gehen.	Ato nuk donin të shkonin në shtrat.
Er durfte kein Eis essen.	Nuk i lejohej të hante akullore.
Er durfte keine Schokolade essen.	Nuk i lejohej të hante cokollatë.
Er durfte keine Bonbons essen.	Nuk i lejohej të hante karamele.
Ich durfte mir etwas wünschen.	Më lejohej ti dëshiroja vetes dicka.
Ich durfte mir ein Kleid kaufen.	Më lejohej të blija një fustan.
Ich durfte mir eine Praline nehmen.	Më lejohej të merrja një copë çokollatë.
Durftest du im Flugzeug rauchen?	A të lejohej të pije duhan në aeroplan?
Durftest du im Krankenhaus Bier trinken?	A të lejohej të pije birrë në spital?
Durftest du den Hund ins Hotel mitnehmen?	A të lejohej të merrje qenin me vete në hotel?
In den Ferien durften die Kinder lange draußen bleiben.	Gjatë pushimeve fëmijëve u lejohej të rrinin jashtë gjatë..
Sie durften lange im Hof spielen.	Ju lejohej të luanin gjatë në oborr.
Sie durften lange aufbleiben.	Ju lejohej të rrinin zgjuar gjate.

Imperativ 1

Urdhërore 1

Du bist so faul - sei doch nicht so faul!	Ti je kaq dembel - mos ji kaq dembel!
Du schläfst so lang - schlaf doch nicht so lang!	Ti fle gjatë - mos fli kaq gjatë!
Du kommst so spät - komm doch nicht so spät!	Ti vjen kaq vonë - mos eja kaq vonë!

Du lachst so laut - lach doch nicht so laut!
Ti qesh me zë kaq të lartë! - mos qesh me zë kaq të lartë!

Du sprichst so leise - sprich doch nicht so leise!
Ti flet me zë kaq të ulët - mos flit me zë kaq të ulët!

Du trinkst zu viel - trink doch nicht so viel!
Ti pi shumë - mos pi kaq shumë!

Du rauchst zu viel - rauch doch nicht so viel!
Ti pi shumë duhan - mos pi kaq shumë!

Du arbeitest zu viel - arbeite doch nicht so viel!
Ti punon shumë - mos puno kaq shumë!

Du fährst so schnell - fahr doch nicht so schnell!
Ti udhëton kaq shpejt - mos udhëto kaq shpejt!

Stehen Sie auf, Herr Müller!
Ngrihuni, zoti Myler!

Setzen Sie sich, Herr Müller!
Uluni zoti Myler!

Bleiben Sie sitzen, Herr Müller!
Rrini ulur zoti Myler!

Haben Sie Geduld!
kini durim!

Nehmen Sie sich Zeit!
Merrni kohën që ju duhet!

Warten Sie einen Moment!
Prisni një moment!

Seien Sie vorsichtig!
Kini kujdes!

Seien Sie pünktlich!
Jini të përpiktë!

Seien Sie nicht dumm!
Mos u tregoni budalla!

Rasier dich!	Rruhu!
Wasch dich!	Lahu!
Kämm dich!	Krihu!
Ruf an! Rufen Sie an!	Telefono! Telefononi!
Fang an! Fangen Sie an!	Fillo! Filloni!
Hör auf! Hören Sie auf!	Pusho! Pushoni!
Lass das! Lassen Sie das!	Lëre! Lëreni këtë!
Sag das! Sagen Sie das!	Thuaj! Thoni!
Kauf das! Kaufen Sie das!	Blije! Blijeni!
Sei nie unehrlich!	Mos ji kurrë i pandershëm!
Sei nie frech!	Mos u trego kurrë i pafytyrë!
Sei nie unhöflich!	Moj ji kurrë i pasjellshëm!
Sei immer ehrlich!	Ji gjithmonë i ndershëm!
Sei immer nett!	Ji gjithmonë i mirë!
Sei immer höflich!	Ji gjithmonë i sjellshëm!
Kommen Sie gut nach Haus!	Shkofshi shëndoshë e mirë në shtëpi!
Passen Sie gut auf sich auf!	Kujdesuni për vete!
Besuchen Sie uns bald wieder!	Na vizitoni përsëri!

Nebensätze mit *dass* 1

Fjali nënrenditëse me q•

Das Wetter wird vielleicht morgen besser.	Ndoshta moti nesër do të jetë më i mirë.
Woher wissen Sie das?	Nga e dini këtë?
Ich hoffe, dass es besser wird.	Shpresoj se do të bëhet më mirë.
Er kommt ganz bestimmt.	Ai me siguri do të vijë.
Ist das sicher?	A është e sigurtë?
Ich weiß, dass er kommt.	Unë e di se ai do të vijë.
Er ruft bestimmt an.	Me siguri do të marr në telefon.
Wirklich?	Me të vërtetë?
Ich glaube, dass er anruft.	Besoj se do të marr në telefon.
Der Wein ist sicher alt.	Vera është me siguri e vjetër.
Wissen Sie das genau?	A e dini këtë me siguri ?
Ich vermute, dass er alt ist.	Supozoj, se është e vjetër.
Unser Chef sieht gut aus.	Shefi ynë është i pashëm.
Finden Sie?	A ju duket?
Ich finde, dass er sogar sehr gut aussieht.	Mendoj madje se është shumë I pashëm.
Der Chef hat bestimmt eine Freundin.	Shefi ka një shoqe me siguri.
Glauben Sie wirklich?	Me të vërtetë e besoni?
Es ist gut möglich, dass er eine Freundin hat.	është mëse e mundur që ai të ketë një shoqe.

Nebensätze mit *dass* 2

Fjali nënrenditëse me *që* 2

Es ärgert mich, dass du schnarchst.

Es ärgert mich, dass du so viel Bier trinkst.

Es ärgert mich, dass du so spät kommst.

Ich glaube, dass er einen Arzt braucht.

Ich glaube, dass er krank ist.

Ich glaube, dass er jetzt schläft.

Wir hoffen, dass er unsere Tochter heiratet.

Wir hoffen, dass er viel Geld hat.

Wir hoffen, dass er Millionär ist.

Ich habe gehört, dass deine Frau einen Unfall hatte.

Ich habe gehört, dass sie im Krankenhaus liegt.

Ich habe gehört, dass dein Auto total kaputt ist.

Es freut mich, dass Sie gekommen sind.

Es freut mich, dass Sie Interesse haben.

Es freut mich, dass Sie das Haus kaufen wollen.

Ich fürchte, dass der letzte Bus schon weg ist.

Ich fürchte, dass wir ein Taxi nehmen müssen.

Ich fürchte, dass ich kein Geld bei mir habe.

Më shqetëson, që gërrhet.

Më shqetëson, që pi kaq shumë birrë.

Më shqetëson, që vjen kaq vonë.

Besoj se ai ka nevojë për mjek.

Mendoj se ai është i sëmurë.

Mendoj se ai fle tani.

Shpresojmë që ai të martohet me vajzën tonë.

Shpresojmë që të ketë shumë para.

Shpresojmë të jetë milioner.

Kam dëgjuar, që gruaja juaj ka pësuar një aksident.

Kam dëgjuar, se ajo ndodhet në spital.

Kam dëgjuar, se makina jote është prishur komplet.

Gëzohem që erdhët.

Gëzohem që keni interes.

Gëzohem që doni të blini shtëpinë.

Kam frikë, se autobusi i fundit ka ikur.

Kam frikë, se duhet të marrim një taksi.

Kam frikë, se s'kam lekë me vete.

Nebensätze mit *ob*

**Fjali të nënrenditura m
*nëse***

Ich weiß nicht, ob er mich liebt.

Ich weiß nicht, ob er zurückkommt.

Ich weiß nicht, ob er mich anruft.

Ob er mich wohl liebt?

Ob er wohl zurückkommt?

Ob er mich wohl anruft?

Ich frage mich, ob er an mich denkt.

Ich frage mich, ob er eine andere hat.

Ich frage mich, ob er lügt.

Ob er wohl an mich denkt?

Ob er wohl eine andere hat?

Ob er wohl die Wahrheit sagt?

Ich zweifele, ob er mich wirklich mag.

Ich zweifele, ob er mir schreibt.

Ich zweifele, ob er mich heiratet.

Ob er mich wohl wirklich mag?

Ob er mir wohl schreibt?

Ob er mich wohl heiratet?

Nuk e di, nëse ai më do.

Nuk e di, nëse ai kthehet.

Nuk e di, nëse më merr në telefon.

Nëse ai më dashuron?

Nëse ai kthehet me siguri?

Nëse më merr në telefon?

Pyes veten nëse mendon ai për mua.

Pyes veten nëse ai ka një tjetër.

Pyes veten nëse ai gënjen.

Nëse ai mendon për mua?

Nëse ai ka një tjetër?

Nëse ai thotë të vërtetën?

Dyshoj nëse ai më do me të vërtetë.

Dyshoj nëse më shkruan.

Dyshoj, se martohet me mua.

Nëse me të vërtetë më do?

Nëse me të vërtetë më shkruan?

Nëse me të vërtetë martohet me mua?

Warte, bis der Regen aufhört.

Warte, bis ich fertig bin.

Warte, bis er zurückkommt.

Ich warte, bis meine Haare trocken sind.

Ich warte, bis der Film zu Ende ist.

Ich warte, bis die Ampel grün ist.

Wann fährst du in Urlaub?

Noch vor den Sommerferien?

Ja, noch bevor die Sommerferien beginnen.

Reparier das Dach, bevor der Winter beginnt.

Wasch deine Hände, bevor du dich an den Tisch setzt.

Schließ das Fenster, bevor du rausgehst.

Wann kommst du nach Hause?

Nach dem Unterricht?

Ja, nachdem der Unterricht aus ist.

Nachdem er einen Unfall hatte, konnte er nicht mehr arbeiten.

Nachdem er die Arbeit verloren hatte, ist er nach Amerika gegangen.

Nachdem er nach Amerika gegangen war, ist er reich geworden.

Prit derisa të pushojë shiu.

Prit derisa të bëhem gati.

Prit deri sa të vijë ai.

Po pres derisa të më thahen flokët.

Po pres deri sa të mbarojë filmi.

Po pres deri sa semafori të jetë jeshil.

Kur nisesh për pushime?

Para pushimeve të verës?

Po, para se të fillojnë pushimet e verës.

Rregulloje çatinë para se të vijë dimri.

Laji duart para se të ulesh në tavolinë.

Mbylle dritaren, para se të dalësh jashtë.

Kur kthehesh në shtëpi?

Pas mësimit?

Po, pasi mësimi të mbarojë.

Pas aksidentit, ai nuk mund të punonte më.

Pasi humbi punën,ai shkoi në Amerikë.

Pasi iku në Amerikë, u bë i pasur.

Konjunktionen 2

Lidhëzat 2

Seit wann arbeitet sie nicht mehr?

Seit ihrer Heirat?

Ja, sie arbeitet nicht mehr, seitdem sie geheiratet hat.

Seitdem sie geheiratet hat, arbeitet sie nicht mehr.

Seitdem sie sich kennen, sind sie glücklich.

Seitdem sie Kinder haben, gehen sie selten aus.

Wann telefoniert sie?

Während der Fahrt?

Ja, während sie Auto fährt.

Sie telefoniert, während sie Auto fährt.

Sie sieht fern, während sie bügelt.

Sie hört Musik, während sie ihre Aufgaben macht.

Ich sehe nichts, wenn ich keine Brille habe.

Ich verstehe nichts, wenn die Musik so laut ist.

Ich rieche nichts, wenn ich Schnupfen habe.

Wir nehmen ein Taxi, wenn es regnet.

Wir reisen um die Welt, wenn wir im Lotto gewinnen.

Wir fangen mit dem Essen an, wenn er nicht bald kommt.

Prej sa kohësh nuk punon ajo më?

Që prej martesës?

Po ajo nuk punon më, qëkur u martua.

Qëkur u martua, ajo nuk punon më.

Qëkur njihen, ata janë të lumtur.

Qëkur janë bërë me fëmijë, dalin më rrallë.

Kur do të telefonojë ajo?

Gjatë udhëtimit?

Po, kur nget makinën.

Ajo telefonon kur nget makinën.

Ajo shikon televizor kur hekuros.

Ajo dëgjon muzikë kur bën detyrat e shtëpisë.

Nuk shikoj asgjë kur s'kam syzet.

Nuk kuptoj asgjë kur muzika është e lartë.

Nuk nuhas kur kam jam e bllokuar.

Ne marrim një taksi kur bie shi.

Ne udhëtojmë përreth botës nëse fitojmë në llotari.

Ne do të fillojmë të hamë, nëse ai s'vjen shpejt.

Ich stehe auf, sobald der Wecker klingelt.

Ich werde müde, sobald ich lernen soll.

Ich höre auf zu arbeiten, sobald ich 60 bin.

Unë ngrihem sa bie zilja.

Lodhem sa më duhet të mësoj.

Do pushoj së punuari sa te mbush 60 vjeç.

Wann rufen Sie an?

Sobald ich einen Moment Zeit habe.

Er ruft an, sobald er etwas Zeit hat.

Kur do merrni në telefon?

Sa të kem pak kohë.

Ai merr në telefon sa të ketë pak kohë.

Wie lange werden Sie arbeiten?

Ich werde arbeiten, solange ich kann.

Ich werde arbeiten, solange ich gesund bin.

Sa gjatë do të punoni?

Do të punoj sa të mundem.

So të punoj për aq kohë sa jam i shëndetshëm.

Er liegt im Bett, anstatt dass er arbeitet.

Sie liest die Zeitung, anstatt dass sie kocht.

Er sitzt in der Kneipe, anstatt dass er nach Hause geht.

Ai rri në krevat në vend që të punojë.

Ajo lexon gazetën, në vend që të gatuaj.

Ai rri në lokal, në vend që të shkojë në shtëpi.

Soweit ich weiß, wohnt er hier.

Soweit ich weiß, ist seine Frau krank.

Soweit ich weiß, ist er arbeitslos.

Me aq sa di, ai banon këtu.

Me aq sa di, gruaja e tij është e sëmurë.

Me aq sa di, ai është i papunë.

Ich hatte verschlafen, sonst wäre ich pünktlich gewesen.

Ich hatte den Bus verpasst, sonst wäre ich pünktlich gewesen.

Ich hatte den Weg nicht gefunden, sonst wäre ich pünktlich gewesen.

Më zuri gjumi, përndryshe do të isha i përpiktë.

Humba autobusin, përndryshe do të isha i përpiktë.

Nuk e gjeta rrugën, përndryshe do isha i përpiktë.

Er ist eingeschlafen, obwohl der Fernseher an war.

Er ist noch geblieben, obwohl es schon spät war.

Er ist nicht gekommen, obwohl wir uns verabredet hatten.

E zuri gjumi megjithëse televizori ishte i ndezur.

Ai qëndroi, megjithëse ishte vonë.

Nuk erdhi, megjithëse e kishim lënë të takoheshim.

Der Fernseher war an. Trotzdem ist er eingeschlafen.

Es war schon spät. Trotzdem ist er noch geblieben.

Wir hatten uns verabredet. Trotzdem ist er nicht gekommen.

Ndonëse televizori ishte i ndezur. Megjithate atë e zuri gjumi.

Ndonëse ishte vonë, ai qëndroi.

Ne kishim lënë takim, Megjithate ai nuk erdhi.

Obwohl er keinen Führerschein hat, fährt er Auto.

Obwohl die Straße glatt ist, fährt er schnell.

Obwohl er betrunken ist, fährt er mit dem Rad.

Edhe pse ai nuk ka patentë, e nget makinën.

Edhe pse rruga është e lëmuar, ai i jep makinës shpejt.

Ai udhëton me biçikletë, megjithëse është i dehur.

Er hat keinen Führerschein. Trotzdem fährt er Auto.

Die Straße ist glatt. Trotzdem fährt er so schnell.

Er ist betrunken. Trotzdem fährt er mit dem Rad.

Ai s'ka patentë. Megjithate ai udhëton me makinë.

Rruga është e lëmuar, megjithëatë ai.i jep shpejt.

Ai është i dehur, megjithëatë ai ecen me biçikletë.

Sie findet keine Stelle, obwohl sie studiert hat.

Sie geht nicht zum Arzt, obwohl sie Schmerzen hat.

Sie kauft ein Auto, obwohl sie kein Geld hat.

Ajo nuk gjen vend pune, megjithëse ka studiuar.

Ajo nuk shkon te mjeku, megjithëse ajo ka dhimbje.

Ajo blen një makinë, megjithëse s'ka lekë.

Sie hat studiert. Trotzdem findet sie keine Stelle.

Sie hat Schmerzen. Trotzdem geht sie nicht zum Arzt.

Sie hat kein Geld. Trotzdem kauft sie ein Auto.

Ajo ka studiuar, pavarsisht nga kjo, ajo nuk gjen punë.

Ajo ka dhimbje, pavarsisht nga kjo, ajo nuk shkon te mjeku.

Ajo s'ka lekë, pavarsisht nga kjo, ajo blen një makinë.

oppelte Konjunktionen

Lidhëza dyfishe

Die Reise war zwar schön, aber zu anstrengend.	Udhëtimi ishte i bukur, por i lodhshëm.
Der Zug war zwar pünktlich, aber zu voll.	Treni ishte i përpiktë por plot.
Das Hotel war zwar gemütlich, aber zu teuer.	Hoteli ishte i rehatshëm, por i shtrenjtë.

Er nimmt entweder den Bus oder den Zug.	Ai merr ose autobusin ose trenin.
Er kommt entweder heute Abend oder morgen früh.	Ai vjen ose sot në mbrëmje ose nesër në mëngjes.
Er wohnt entweder bei uns oder im Hotel.	Ai banon ose te ne ose në hotel.

Sie spricht sowohl Spanisch als auch Englisch.	Ai flet si spanisht ashtu edhe anglisht.
Sie hat sowohl in Madrid als auch in London gelebt.	Ajo ka jetuar si në Madrid ashtu edhe në Londër.
Sie kennt sowohl Spanien als auch England.	Ajo njeh si Spanjën ashtu edhe Anglinë.

Er ist nicht nur dumm, sondern auch faul.	Ai nuk është vetëm budalla por edhe dembel.
Sie ist nicht nur hübsch, sondern auch intelligent.	Ajo nuk është vetëm e bukur por edhe inteligjente.
Sie spricht nicht nur Deutsch, sondern auch Französisch.	Ajo nuk flet vetëm gjermanisht por edhe frengjisht.

Ich kann weder Klavier noch Gitarre spielen.	Unë nuk luaj as piano as kitare.
Ich kann weder Walzer noch Samba tanzen.	Unë nuk mund të kërcejë as vals as samba.
Ich mag weder Oper noch Ballett.	S'dua as operën as baletin.

Je schneller du arbeitest, desto früher bist du fertig.	Sa më shpejt të punosh aq më shpejt je gati.
Je früher du kommst, desto früher kannst du gehen.	Sa më shpejt të vish aq më shpejt mund të shkosh.
Je älter man wird, desto bequemer wird man.	Sa më tepër të plakesh, aq më komode bëhet.

Genitiv

Gjinore

die Katze meiner Freundin	Macja e shoqes sime
der Hund meines Freundes	Qeni i shokut tim
die Spielsachen meiner Kinder	Lodrat e fëmijëve të mi
Das ist der Mantel meines Kollegen.	Kjo është palltoja e kolegut tim.
Das ist das Auto meiner Kollegin.	Kjo është makina e koleges sime.
Das ist die Arbeit meiner Kollegen.	Kjo është puna e kolegëve të mi.
Der Knopf von dem Hemd ist ab.	Kopsa e këmishës sime është këputur.
Der Schlüssel von der Garage ist weg.	Çelsi i garazhit ka humbur.
Der Computer vom Chef ist kaputt.	Kompjuteri i shefit është prishur.
Wer sind die Eltern des Mädchens?	Kush janë prindërit e vajzës?
Wie komme ich zum Haus ihrer Eltern?	Si mund të vij te shtëpia e prindërve tuaj?
Das Haus steht am Ende der Straße.	Shtëpia është në fund të rrugës.
Wie heißt die Hauptstadt von der Schweiz?	Si quhet kryeqyteti i Zvicrës?
Wie heißt der Titel von dem Buch?	Si quhet titulli i librit?
Wie heißen die Kinder von den Nachbarn?	Si quhen fëmijët e fqinjëve?
Wann sind die Schulferien von den Kindern?	Kur janë pushimet verore të fëmijëve?
Wann sind die Sprechzeiten von dem Arzt?	Kur janë oraret te mjeku?
Wann sind die Öffnungszeiten von dem Museum?	Kur janë oraret e muzeut?

Adverbien

Ndajfoljet

schon einmal - noch nie	Njëherë - kurrë
Sind Sie schon einmal in Berlin gewesen?	A keni qenë ndonjëherë në Berlin?
Nein, noch nie.	Jo, asnjëherë.
jemand - niemand	Dikush - askush
Kennen Sie hier jemand(en)?	A njihni ndonjë?
Nein, ich kenne hier niemand(en).	Jo, nuk njoh njeri këtu.
noch - nicht mehr	Akoma - jo më
Bleiben Sie noch lange hier?	A do rrini akoma gjatë këtu?
Nein, ich bleibe nicht mehr lange hier.	Jo, nuk rri më gjatë këtu.
noch etwas - nichts mehr	Akoma më - jo më.
Möchten Sie noch etwas trinken?	A dëshironi të pini akoma më?
Nein, ich möchte nichts mehr.	Jo, s'dua më.
schon etwas - noch nichts	Diçka - akoma asgjë
Haben Sie schon etwas gegessen?	A keni ngrënë ndonjë gjë?
Nein, ich habe noch nichts gegessen.	Jo, s'kam ngrënë akoma asgjë.
noch jemand - niemand mehr	Ndonjë akoma - askush më
Möchte noch jemand einen Kaffee?	A dëshiron dikush tjetër një kafe?
Nein, niemand mehr.	Jo, askush më.